持株会社の実務

経営戦略から設立、運営まで

[第3版]

公認会計士・税理士
發知敏雄
公認会計士
箱田順哉
弁護士
大谷隼夫

東洋経済新報社

はしがき

平成九年六月、いわゆる独禁法が改正され持株会社の設立が認められた。これは、当時、わが国の経済界においては画期的なことであった。それとまさに機を同じくして持株会社経営の実務をテーマに本書の初版が発刊された。その後、金融機関のみならず、業界を問わず一般の事業会社においても、事業再編を目的として持株会社の設立が続々となされてきていることはご存知のとおりである。この間持株会社をめぐる法整備も着々と行われ、平成一一年八月には、持株会社の設立等を円滑に行うことを目的として株式交換・移転についての商法改正、それに伴う非課税措置のための税制改正が行われた。さらに、翌平成一二年五月には、会社分割制度等導入の商法改正、それに従い、平成一三年には企業組織再編税制（合併・会社分割・現物出資・事後設立）の抜本改正が行われた。そして、平成一四年四月からいよいよわが国においても、連結納税制度がスタートし、持株会社を核とするグループ再編も本格的に動き出すこととなろう。そして、持株会社経営が本格的に動き出すと必ずふき出してくる問題が持株会社を中心としたグループ経営の求心力の問題である。本書は、実務をテーマとしているところから、持株会社がグループ全体の求心力を高め、いかにして持株会社経営を成功させるかの秘訣にまで踏み込んで検討している。この点は他著に類をみないものと自負している。

以上、このように持株会社を取り巻く環境もめまぐるしく変化し、本書も新版に引き続き、ここに第三版として刊行することとした。

本書は次のような特徴をもっている。

1　持株会社経営の実務指針書である

当初持株会社経営の実務をテーマにしたものは皆無と言って過言ではない状況であったがその後も実務をテーマにした類著はあまり見られない。その意味においても本書発刊の意義は大きいと思っている。

そこで、今回の改訂においても変わらず実務をテーマとし、内容をさらに充実したものとした。

2　持株会社の実務としての経営・法律・税務の各分野からの検討を加えた

実務に焦点をあてているため、可能な限り最新の法律改正を織り込んである。ただし、法律の改正は今後もめまぐるしく行われることになろう。この点はできるだけ最新情報をお届けすべく法改正に合わせ今後も改訂していくことでお応えしたい。

3　中堅・中小企業をも十分に念頭において書かれている

持株会社の経営はまだまだ大会社や金融機関のものと思われている節が見受けられる。

しかし、次のステップでは必ずや未公開の中堅・中小企業といえども身近なものとなってくる。その時期はもう目前に迫っている。

4　本書は、経営者から、社長室・経営企画室・財務・経理を担当する人まで、幅広い読者層を意識して書かれている

初版がこれら多くの方々に読まれたことは筆者たちのこの上ない喜びとするところである。

最後に、執筆にあたり、プライスウォーターハウスクーパースの加藤順弘、内田昇の二氏には今回もご援助いただき、また本書の発刊にあたっては、東洋経済新報社の松本武洋氏に大変お世話になりました。紙面を借りて厚くお礼申し上げます。

平成一四年五月

發知　敏雄
箱田　順哉
大谷　隼夫

目　次

持株会社の実務　第3版

第一章　コーポレートガバナンスの源泉

▼会社は本当に株主のものか

最近「コーポレートガバナンス（企業統治）」という古くて新しい話題をよく耳にするようになった。

平成一三年五月に、いわゆる「企業統治関係商法改正法」が議員立法として既に国会に提出され、また、平成一四年の通常国会には法制審議会会社法部会より企業統治の実効性を含む会社法制の大幅な改正を内容とする商法改正案が提出される。

このように、わが国におけるコーポレートガバナンス論も法改正に向けて活発に動き出そうとしている。これら改正の多くはグローバル資本主義の名の下、株主主権論を前提としての改正内容のようである。

しかし、すべての会社が単純に株主のものと言えるだろうか。株主総会一つ例にとってみても、商法が予定しているような株主総会が仮にあるとすれば、株主は長期的にその会社の株主であることをコミットした株主でなければならないはずである。今日は株主だが明日は株主でないというような株主では困るのである。こんな不安定な株主が会社の最高意思決定機関を構成するという法律自体が非現実的である。したがって、現実を見れば、株主総会の機能が形骸化するのもけだし当然のことである。

では、なぜ法律と現実がかい離してしまったのであろうか。この原因を解明せず、現実を法の理念に近づけんがための法改正をいくら行っても効果はない。ちなみに、今回行われようとしている商法改正も残念ながらその例外ではないような気がする。

ところで、コーポレートガバナンスに関する議論は二面性をもっている。一つは、会社は誰のものかという会社主権者論、もう一つは経営者の経営チェックシステムの運営組織論である。そしてこの両者は、実は表裏一体の関係にある。なぜなら、会社主権者こそが経営チェックを行使するのが最も効果的であるからである。会社主権者論と言えば、株主主権とか、従業員主権とか、その両者でどちらがメインでどちらがサブだとか、はたまたステークホルダー（利害関係人）すべてのものという意見まで、長い間議論されてきた。そして今なお進行形である。

しかしながら、会社の主権者は誰かというのははたして単純に割り切れる問題であろうか。実は、この複雑な、そして答えがないようなこの問題を解く鍵は、会社経営に影響を与えるものは一体何か、つまり、コーポレートガバナンスの源泉を解明することにある。これを解明せずに会社主権者論をいくら論じてみてもその解を永遠に求めることはできない。

ところで、本書は持株会社をテーマにする本でありながら、株式所有、つまり資本の論理だけで、コーポレートガバナンスの源泉と考えてはならないという一見矛盾したような問題提起を行った。この点に関しては、第五章（持株会社経営成功の秘訣）に詳述しているのでぜひお読みいただきたい。

▼ 貸借対照表の貸方にヒント

読者の皆さんは会社の決算書の中に「貸借対照表（バランスシート）」（以下B／Sという）というものがあることはご存知だろうと思う。

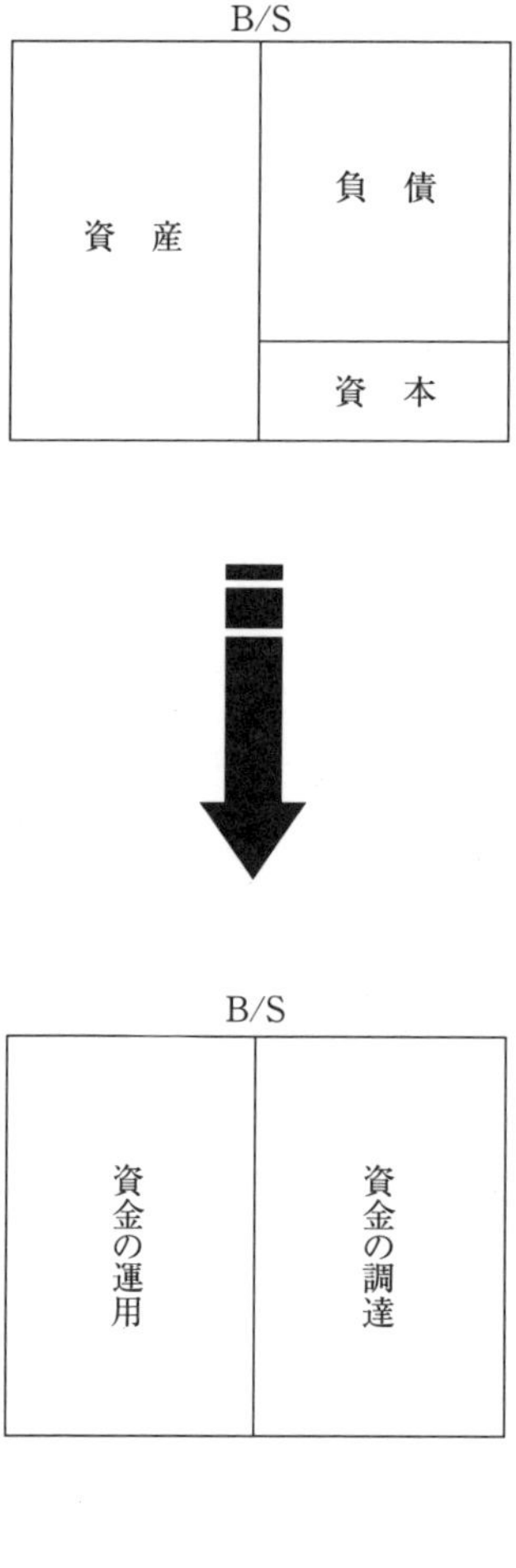

このB／Sというのは、借方（左側）は資金の運用形態、一方、貸方（右側）は資金の調達形態を表している。

（1）資金調達の源泉の主体が株主の拠出金である場合

まず、はじめに次のようなB／Sの会社を見てみよう。

B/S

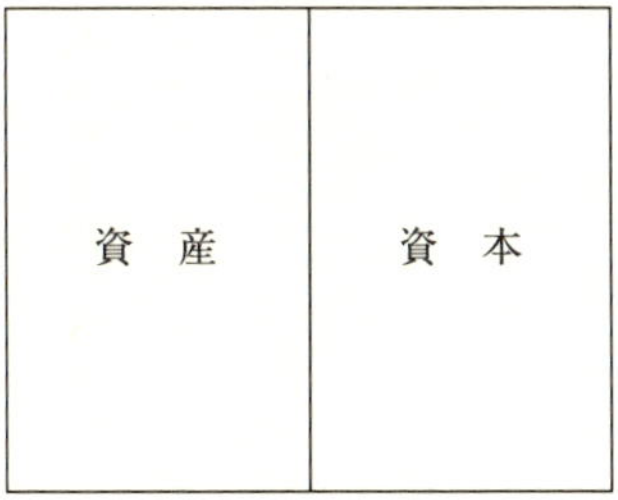

このようなB／Sの典型は設立後間もない会社に多く見られる。

ところで、このような会社に最も影響（支配）力を与える人は誰かと言えば、それは資本金を拠出した人、つまり株主であろう。もちろん、資本金を拠出した人も複数いれば、その拠出割合によって、相対的にその中で影響力の行使に差が生じる。

しかし、いずれにせよ、このような会社は株主のものであることに変わりはない。したがって、会社を俗に言う煮て食おうと焼いて食おうと株主の自由であるといっても過言ではない。

現実には、このようなB／Sの会社は他人を多く雇うこともなく、従事者のほとんどが家族といった小さなファミリー会社に多くみられる。

（2）資金調達の源泉主体が他人資本である場合

次にこのような会社の場合はどうか。

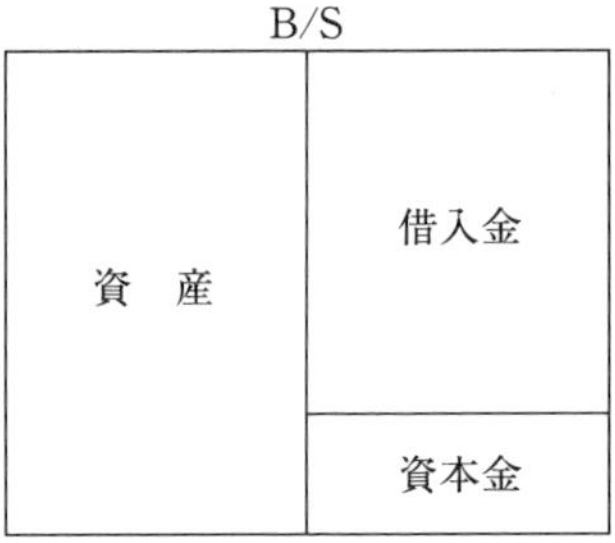

会社の事業規模が拡大してくると、当初、株主の拠出した資金（資本金）は相対的にわずかとなり、代わって他人資本である借入金（買掛金等も基本的には同じ）の比率が大きくなってくる。戦後、国策として銀行を中心とした間接金融で資金調達を図ってきた日本企業の場合、現在ほとんどの会社がこの部類に属している。中でも、特に不動産産業などはその典型と言える。

ところで、このようなB／Sの会社がバブルの崩壊とともにどのようになったか。また少し前特に経済問題となった銀行による貸し渋りの結果どうなったか。ご承知のとおり、多くの会社では生かす（存続）も殺す（倒産）も銀行の腹一つという状態におかれ、たとえ生かすこととされた会社でも銀行の管理下に置かれることになった。これはなぜかと言えば、事実上の資金の提供者が銀行だからである。つまり、陰のオーナーは銀行であった証明である。

では、このような会社の大株主でもあるオーナー経営者と言われる人々は何なのかと言えば、その実体は雇われ経営者と考えれば理解しやすい。それをオーナーと思っていること自体が錯覚なのである。

（3）資金調達の源泉主体が利益留保である場合

最後に上のようなB／Sの会社の場合はどうか。

利益積立金とは、税金を払った後の過去の利益の溜まりである。株主や銀行等のように資金を拠出したわけではないが、この利益積立金も資金調達の立派な源泉であることには変わりはない。一番の曲者はこの利益積立金である。

B/S

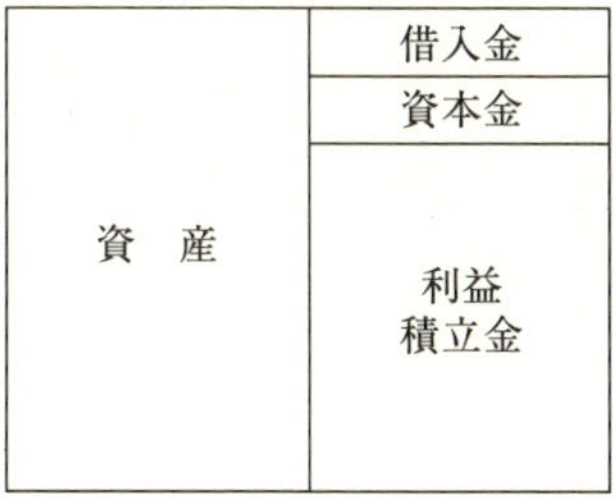

この利益積立金は一体誰が溜めたのか。

どうして、ここにこんなに溜まったのか。

ところで、会社には、それを取り巻く多くの利害関係人がいる。たとえば、従業員、株主、経営者、金融機関、得意先、仕入先、外注先、国、地方公共団体、さらには、消費者、地域住民等がその代表的なものである。会社が社会の公器と言われるゆえんである。何も上場会社だけが社会の公器というわけではない。未上場会社であっても同様なのである。違いと言えば、上場会社の場合は、見ず知らずの株主という利害関係者の数が多くなり、会社規模が大きくなることで、関係する利害関係者の数が増大するため、社会的影響が大きくなるという程度の違いだけなのである。

もし、これら利害関係人それぞれが次のようなことを言い出したらどうか。

従業員たちは「うちの会社は、こんなに利益が出るんだったら、もっと給料が高くてもよかったのではないか。今まで、低賃金で働きすぎた」と言い、同様に、株主は配当が低すぎたと言い、銀行は銀行で金利が低すぎたと言い、消費者や得意先は高く買わされたと言い（消費者団体による利益還元運動などはこの好例）、仕入先や外注先は安く叩かれすぎたのではないかなどと言い、はたまた、国や地方公共団体までもが税金をもっと徴収してもいいのではないか、などと言い出したら、果たして利益積立金はこんなに会社に溜まっていたであろうか。

ファイナンスや資本金による資金は誰がいくら拠出したか明確なのだが、この利益積立金だけは誰がどの程度貢献したのか、ひもつき関係がはっきりしない。ましてや、資産の含み益など誰のものであろうか。それぞれの利害関係人の貢献度合を測るモノサシが残念ながら今のところ見つからないので定量化ができない（この定量化・指数化こそが今後の重要テーマ）。しかし、以上見てきたように、この利益積立金というのは、会社を取り巻く多くの利害関係人が関係しているということだけは言えそうである。ただ、中でも多くのオーナー会社といわれる会社では、やはり、オーナー経営者自身が最も利益貢献したのは紛れもない事実だろうと思う。しかし、だからと言って、オーナー経営者だけが貢献したわけではないことも忘れてはならない事実だと思う。

余談になるが、ワンマンの創業オーナーの後継者が創業者から株式を譲り受け、大株主となったにもかかわらず、なぜに創業オーナーのような影響力を行使できないのか、ということを考えてみた場合、創業オーナーのリーダーシップの源泉は、株式所有にあるのではなく、実はこの利益積立金への貢献にあるからである。

資本金という資金調達は株式という形で引き継げたものの利益積立金という資金調達は引き継ぐことができないのである。そもそもこれは、個人の人格や個人に与えられる資格のような一身専属的なものであるからである。ここに二代目がリーダーシップを発揮できない根本原因があることに気づいていない。

▼支配力の源泉は資金提供の大きさにあり

以上見てきたように、会社支配力の源泉は資金の提供（拠出）にこそあると言える。しかも、その影響力は提供した資金の大きさに相対的に依拠するのである。そして、それはB／Sの貸方に表れている。したがって、B／Sの貸方を分析すれば会社に影響力をもつ者は誰かが判明する。ただし、その態様は会社ごとによって実に千差万別であり、しかも一定不変のものではなく、絶えず変化している。

たとえば、一口に株主と言っても、機関投資家もいれば、取引先株主もいれば、一般投資家もいる。その関心事も異なり、その態様は様々である。そして、株主の拠出部分（資本金）が大きくても、株主が多く分散してそこに求心力が働かなければ、株主の影響力は相対的に小さなものとなる。よくアメリカでは株主の会社経営に与える影響力が、日本と比べて大きいと言われているが、アメリカでも影響力を行使できる株主というのは、あるシェアをもっている年金基金などの特定株主であって、分散した一般の大衆株主ではない。また、同様のことは、他人資本（負債）についても言える。特定の銀行、いわゆるメインバンクが存在する場合と多数の銀行が平均的に融資しているような場合とでは、ある特定の銀行の会社に与える影響力は自ずから異なる。仕入先などについても同様のことがいえる。

したがって、株主も金融機関もいずれもが多く分散し求心力が働いていない会社では、利益積立金という資金調達が物を言うこととなる。そして、ここに錯覚した経営者支配が成立する要素が存在する。今日の日本の大企業といわれる企業の多くがこのタイプに属する。大手の銀行等を見た場合、負債側の主役である預金者も、また資本を拠出した株主の中にも特定の支配勢力は存在しない。その結果、ひところマスコミで話題となった歴代の頭取たちによる奥の院が成立するのもけだし当然と言えば当然のことである。これは、経営陣個々人のモラルなどという問題ではなく、企業統治システムそのものにその根源があるのである。

以上をまとめて図で示すと次のようになる。

なお、今回、連結情報を中心とするディスクロージャー制度への移行に伴い、連結財務諸表作成に当たっての子会社及び関連会社の判定基準として、従来の持株基準に代えて支配力基準及び影響力基準の導入がなされたことは、背景にある前述の考え方を反映したものとして一歩前進したものと言え

る。この点、商法も、また税法においても一考の余地があるように思う。

以上のコーポレートガバナンスの源泉を十分理解し、どう活用するかが、持株会社経営における成否の秘訣となるのである（第五章参照）。

第二章　持株会社の経営

第一節　経　　営

1　持株会社とは

純粋持株会社と事業兼営持株会社

持株会社は「会社の総資産に対する子会社の株式の取得価額の合計が五〇％を超える会社」と定義される（改正独占禁止法第九条三項参照）。さらに「子会社は、親会社による持株比率五〇％超の会社とする。間接保有により五〇％を超える場合を含む」と定義される（同第九条四項参照）。したがって、いわゆる孫会社等も「子会社」に該当する（図2-1参照）。

図 2-1　子会社の範囲

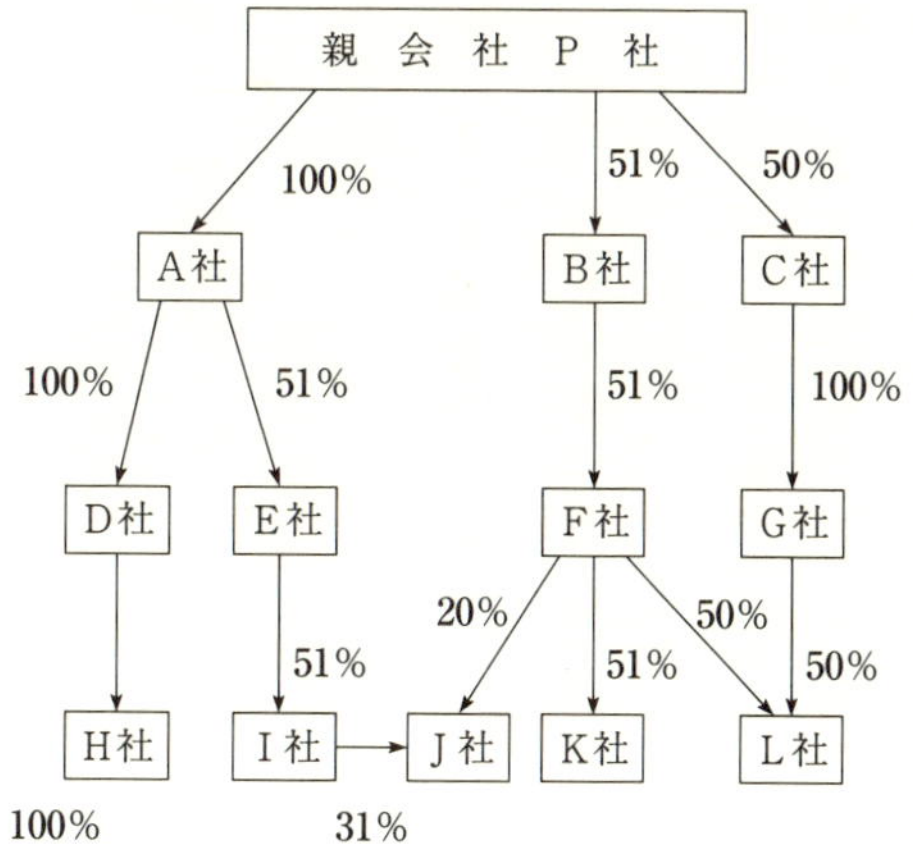

答　「子会社」・・・・・・・・A、B、D、E、F
　　　　　　　　　　　　　H、I、J、K
　　「子会社」ではない・・C、G、L

（注）→印は持株比率.

改正前の独占禁止法では、持株会社とは、「株式（社員の持分を含む。以下同じ）を所有することにより、国内の会社の事業活動を支配することを主たる事業とする会社をいう」と定義されていた（旧独占禁止法第九条第三項、傍点筆者）。昭和二二年に日本ではじめて独占禁止法が制定されて以来、一連の改正で若干の文言の改正は行われたが、この条文の骨子は変更されることなく、平成九年の抜本改正まで五〇年間わが国の経営実務を拘束して生き続けてきた。

制定当初、独占禁止法は、持株会社の禁止に加え、他社株式の取得に厳重な制限を課していた。すなわち、一般事業会社は他社株式の取得を完全に禁止され、金融機関は出資比率一〇〇分の五までしか取得を認められていなかった。その後、昭和二八年までの一連の独占禁止法改正により、他社株式の取得は大規模事業会社についての量的保有制限はあるが、一般事業会社に

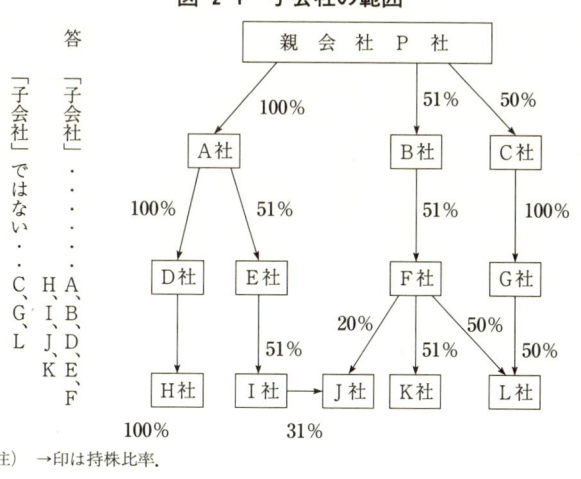

ついては原則自由となり、金融機関についても規制が緩和された。その結果、一般事業会社については、株式所有により国内の会社の事業活動を支配することを「主たる事業活動」としない限りにおいては、他社株式の取得は自由になった。戦後の経済復興、高度成長の過程で、各産業の中核企業、成長企業は企業規模を拡大し、分社、企業買収等を通して企業集団を形成するようになった。これらの企業も、自社独自の事業活動を行っており、他社株式の所有、事業活動の支配を「主たる事業活動」としない限り持株会社に該当せず、独占禁止法に抵触することはなかった。実際、ソニー、東芝、旭化成等々、わが国を代表する大企業には、親会社は本業に従事し、子会社は新規事業、周辺事業等に従事するという経営形態が数多くみられる。これらの企業集団の親会社は「事業兼営持株会社」と呼ばれる。

これに対して、他社株式の所有、事業活動の支配を「主たる事業」とする会社は「純粋持株会社」と呼ばれる。純粋持株会社はわが国では平成九年の独占禁止法改正まで半世紀にわたって禁止されてきた。純粋持株会社が禁止されているのは日本と韓国だけであるといわれていた。ただし、わが国の場合、独占禁止法改正前から純粋持株会社らしき会社が数多く存在していた。オーナー・カンパニーの財産保全会社である。これは、相続対策、税務対策等の目的から、オーナーの持株をオーナー所有の別会社に保有させたものである。これらの会社は、独占禁止法違反を避けるために、通常、保険代理店業務、不動産管理業務等のなんらかの「主たる事業活動」を行っている。これらの財産保全会社

図 2-2　持株会社の実例：大和証券グループ本社

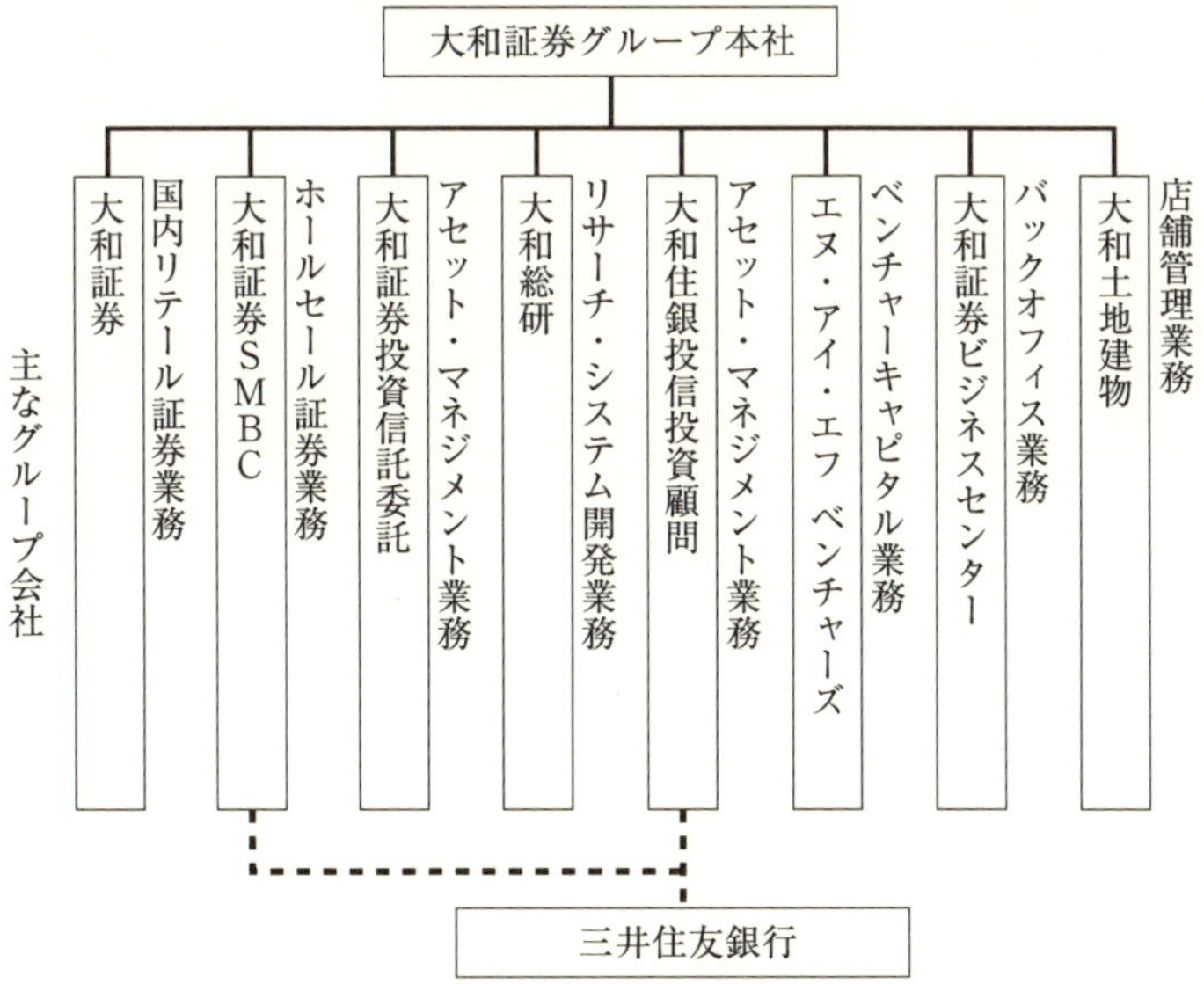

（注）　グループ構成については，今後変更の可能性もあります．

組織概要

（平成14年 4 月 1 日現在）

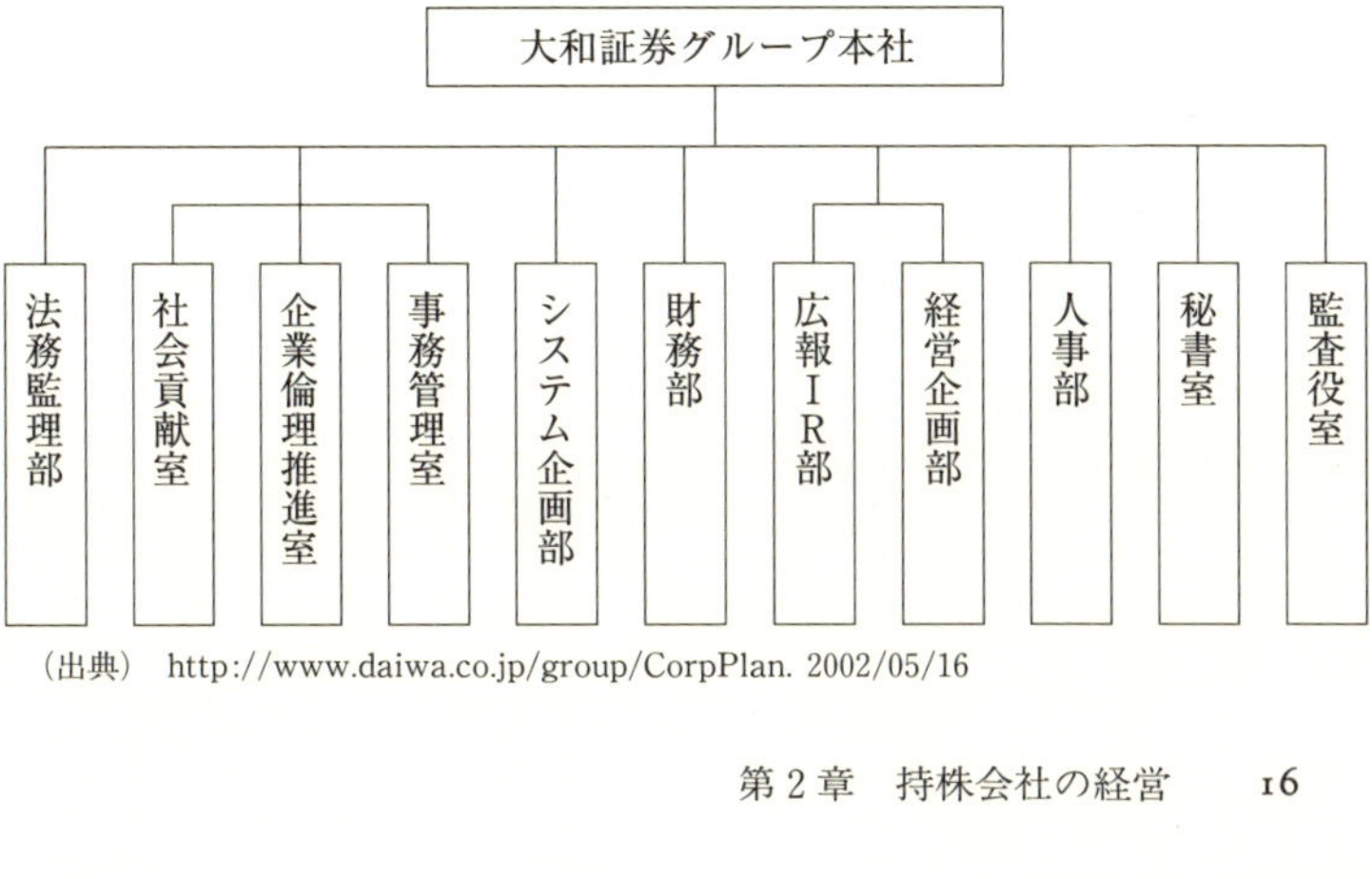

（出典）　http://www.daiwa.co.jp/group/CorpPlan. 2002/05/16

は、このたびの独占禁止法改正を受けて、「主たる事業活動」を停止し、会社の本来の目的である他社株式所有、事業活動支配を行う純粋持株会社に衣替えすることが考えられる。

欧米では純粋持株会社が広く活用されている。アメリカの金融持株会社のように世界的規模で事業を統括する純粋持株会社や、ロイヤル・ダッチ・シェルのように多国籍の純粋持株会社もある（ロイヤル・ダッチ・シェルはオランダのロイヤル・ダッチ石油とイギリスのシェル石油の合弁投資による純粋持株会社）。持株会社解禁となった日本でも、各社それぞれの経営戦略に対応した多様な持株会社が登場してくるであろう。

2 組織と管理

組織のあり方と業績管理のポイント

会社の規模が大きくなると、部門別業績管理が重要な経営課題となる。各組織形態における業績管理のあり方を、(1)機能別組織、(2)事業部制組織、(3)カンパニー制組織、(4)事業兼営持株会社組織及び(5)純粋持株会社組織について見てみよう。

(1) 機能別組織における業績管理

本業中心の業態では製造、営業等の経営機能を主軸にした機能別組織がとられる。営業部門等収益を生む部門はプロフィット・センター（利益責任単位）として位置づけ、収益性に重点をおいた管理を行う。管理指標としては、売上高、営業利益等の実績値を、予算対比、前年実績対比、部門間比較等により分析、評価する。規模の違う部門間の比較を容易にするためには売上高営業利益率、一人当たり売上高等の経営指標を用いる。工場等、原価を発生させる部門はコスト・センター（原価責任単位）と位置づけて原価管理を行う。製品を工場から営業部門に引き渡す際の仕切価格を設定すると、工場等の製造部門も収益を生むプロフィット・センターとして管理することができる。

(2) 事業部制組織における業績管理

経営多角化が進み、複数の事業を展開するようになると事業部制組織がとられるようになる。事業部とは生産から販売までの経営活動の主要機能を内包した組織である。総務、経理等のスタッフ部門については企業の組織戦略によって組織形態が異なる。すなわち、事業部の自主性、自立性を強調した組織戦略をとる場合には、各事業部に管理部門が設置され、総務、経理のスタッフが配置される。一方、事業部の経営権限を限定させる場合には、経営・管理スタッフは本社管理部門に集中させる。

この場合、各事業部には本社管理部門の出先機関として管理課が設置されるか、一定の経営権限が事業部長に付与される場合には事業部長室を設置する。いずれの場合にも事業部に配置されるスタッフは最低限の要員数となる。各事業部はプロフィット・センターとして位置づけられて業績管理が行われる。

事業部制移行前の営業部等のプロフィット・センターでは売上高から営業利益までの業績管理が一般的だが、事業部になると、営業利益に営業外損益を加減した経常利益レベルまでの業績管理が行われるようになる。もっとも各事業部が銀行取引等を行い独自にファイナンス（資金調達）することは稀である。一般には、本社資金部門がファイナンスを一括して行い、各事業部には所要資金に応じて社内金利を課することになる。また、各事業部に社内資本金を配賦して利益との対比により資本効率を管理しているケースもある。

(3) カンパニー制組織における業績管理

事業部制組織をさらに発展させた組織形態がカンパニー制組織である。カンパニー制組織では、本社に残るのは経営企画部門等のごく少数の戦略スタッフだけで、企画、経営、総務等の大部分のスタッフ機能は各カンパニーに移管される。研究・開発等、スケール・メリット（規模の経済性）が要求されるスタッフ部門については各社の実情に応じて要員配置が行われる。すなわち、カンパニーに配置される場合もあれば、本社部門に集中配置される場合もある。このようにしてカンパニー制組織は企業内分社という様相を呈するようになる。

カンパニー制組織では各カンパニーは社内資本金の割当てを受け、担当する事業に関係する資産、負債も各カンパニーが管理するようになる。したがって、各カンパニーは、売上、コスト、利益等の損益計算書とともに、資産、負債、資本によって構成されるバランスシート（貸借対照表）についても管理責任をもつ。この点が、営業利益等一定の損益レベルまでしか責任を負わない機能別組織のプロフィット・センター、損益しか責任を負わない事業部と大きく異なる点である。

プロフィット・センター、事業部制組織、カンパニー制組織ともタイムリーな業績把握により経営責任を明確にすることを目的にしている。しかし、業績数値が社内の想定計算に基づく仮定数値であり、必ずしも客観性がないなどいずれの組織体制にも弱点がある。客観性が認められるのは社外への売上高だけである。社内間の製品引渡しには仕切価格が設定される。管理経費等の間接費、社内金利といった各部門で直接発生額が把握できないコストは配賦基準を設定して各部門に配賦することになる。事業部、カンパニー等の利益は各種の仮定に基づいて計算された、いわば理論値である。

(4) 事業兼営持株会社組織における業績管理

このたびの独占禁止法改正前のわが国の大企業の多くは事業兼営持株会社である。親会社は主力事業を担い、子会社は周辺事業、新規事業、海外事業等を担い、全体で企業グループを形成するという形態が一般的である。各子会社は独立した法人格をもつ経営主体である。親会社同様、子会社も商法・企業会計原則に準拠した経理処理を行うことになる。親会社との取引も独立した法人間の取引を行い、取引事実に則した経理処理が行われる。したがって、機能別組織、事業部制組織、カンパニー制組織にみられた仕切価格による社内取引、社内金利の配賦、社内資本金の割当てといった想定計算は行われず、取引事実に則した経理処理を商法・企業会計原則に準拠して行うことになる。その結果算定された利益等の業績数値は会計原則に裏づけられた社会的な客観性をもつことになる。子会社化することによって業績管理は客観的妥当性をもって行うことができるようになる。

しかし、事業兼営持株会社の業績管理にも弱点がある。子会社の経営責任は新規事業等、自らが担当する事業をひたすら推進することである。一方、親会社は、自ら担当する本業（主力事業）の推進とともに企業グループ全体の統括という役割も担っている。したがって親会社の担当する本業と子会社の担当する新規事業等を並列的に管理することには無理がある。また、親会社、子会社の社員、さらには経営者の意識においても親会社の事業と子会社の事業とは並列的にはとらえられていない。このようなことから事業兼営持株会社の業績管理は、親会社の事業と子会社の事業とでは別個に行われる傾向にある。

図 2-3　組織形態の進化

①機能別組織

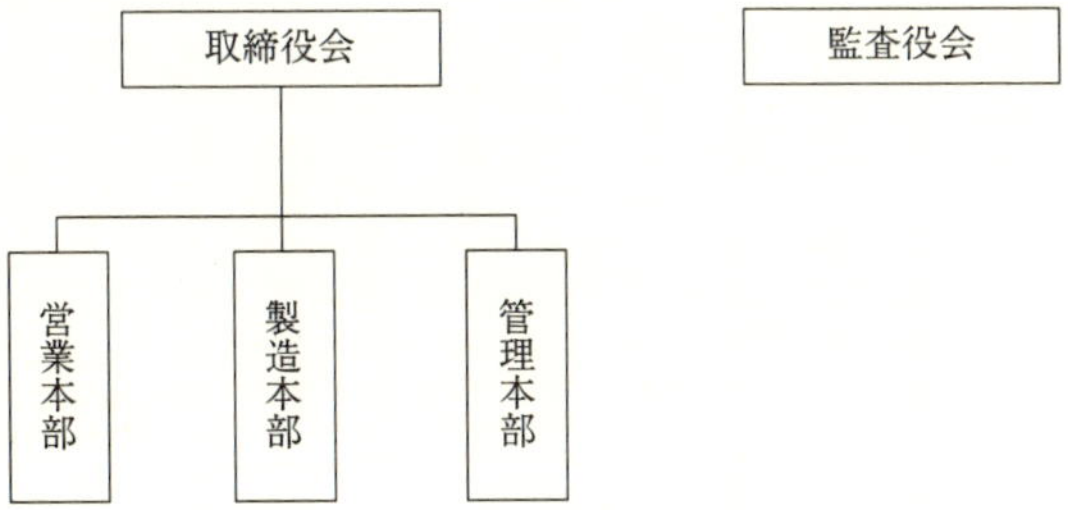

②事業部制組織

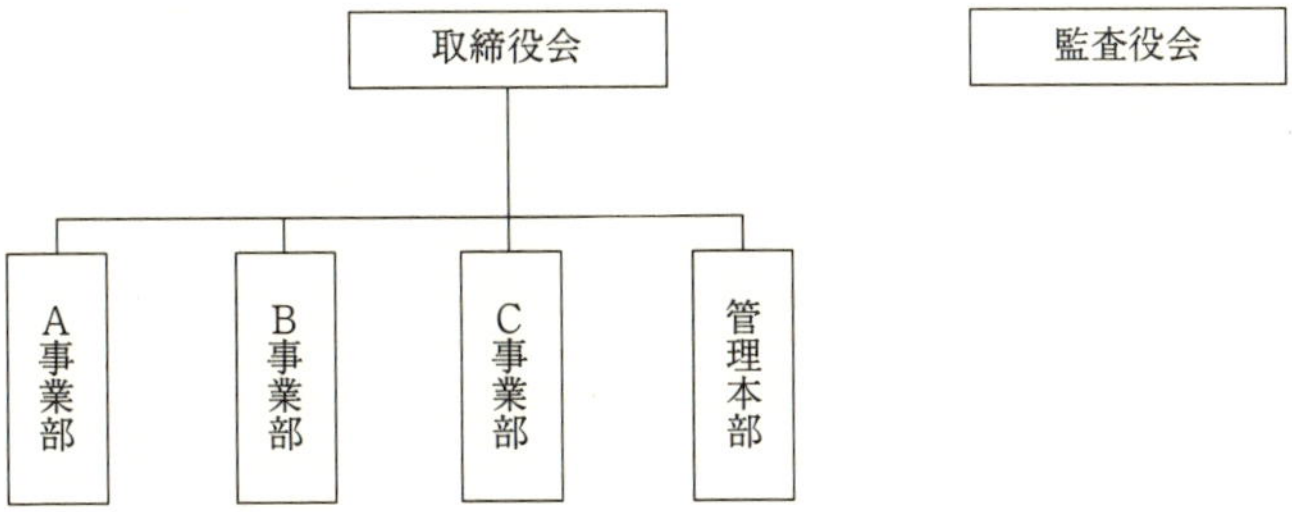

③カンパニー制組織

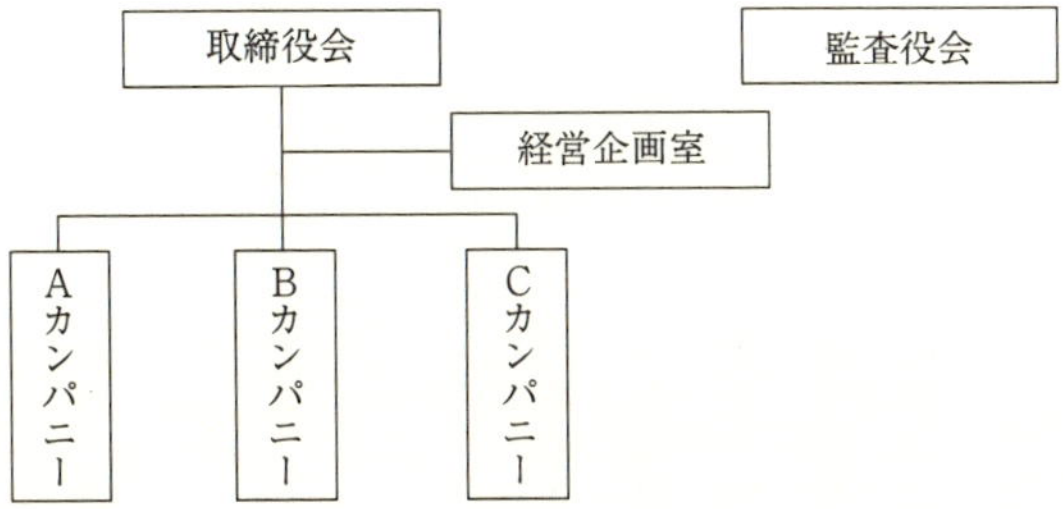

図 2-3　つづき

④事業兼営持株会社組織

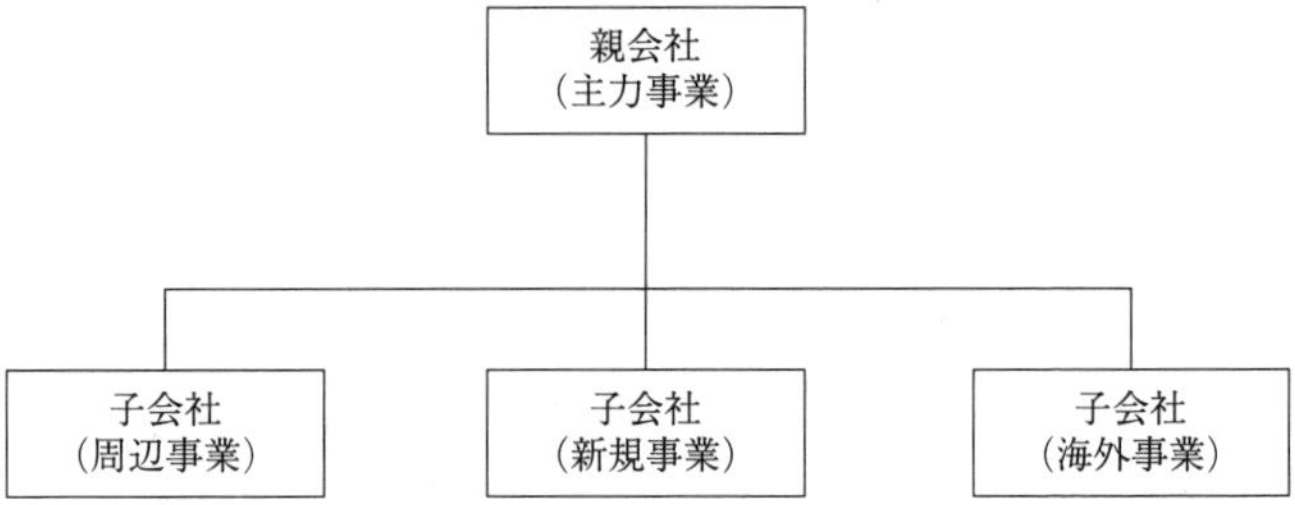

⑤純粋持株会社組織

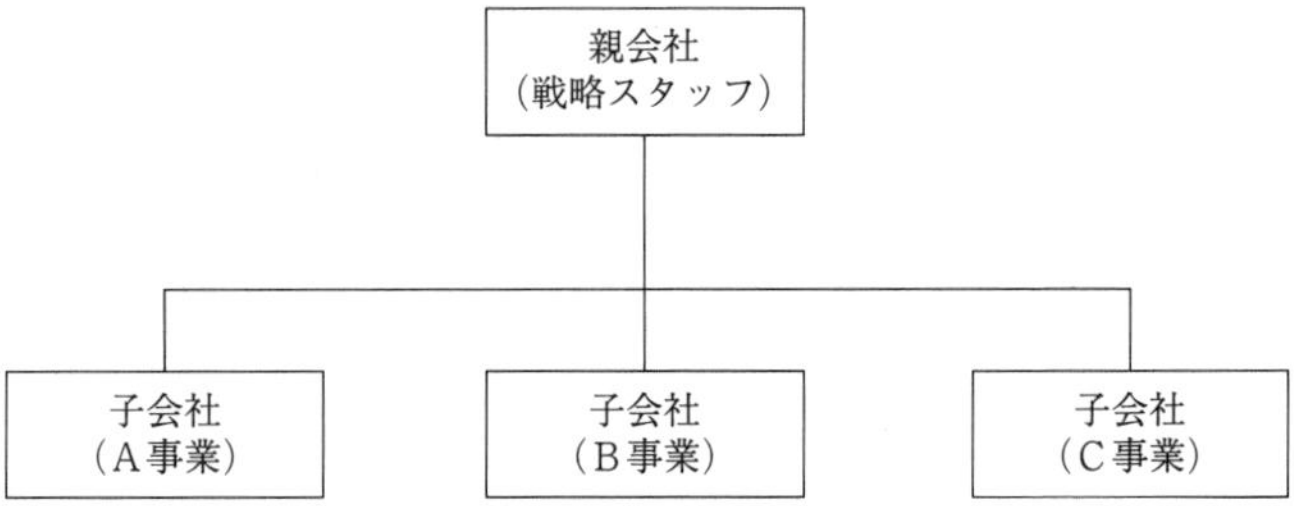

図 2-4　事業部制組織の実例―凸版印刷株式会社の経営組織

（平成13年10月1日付）

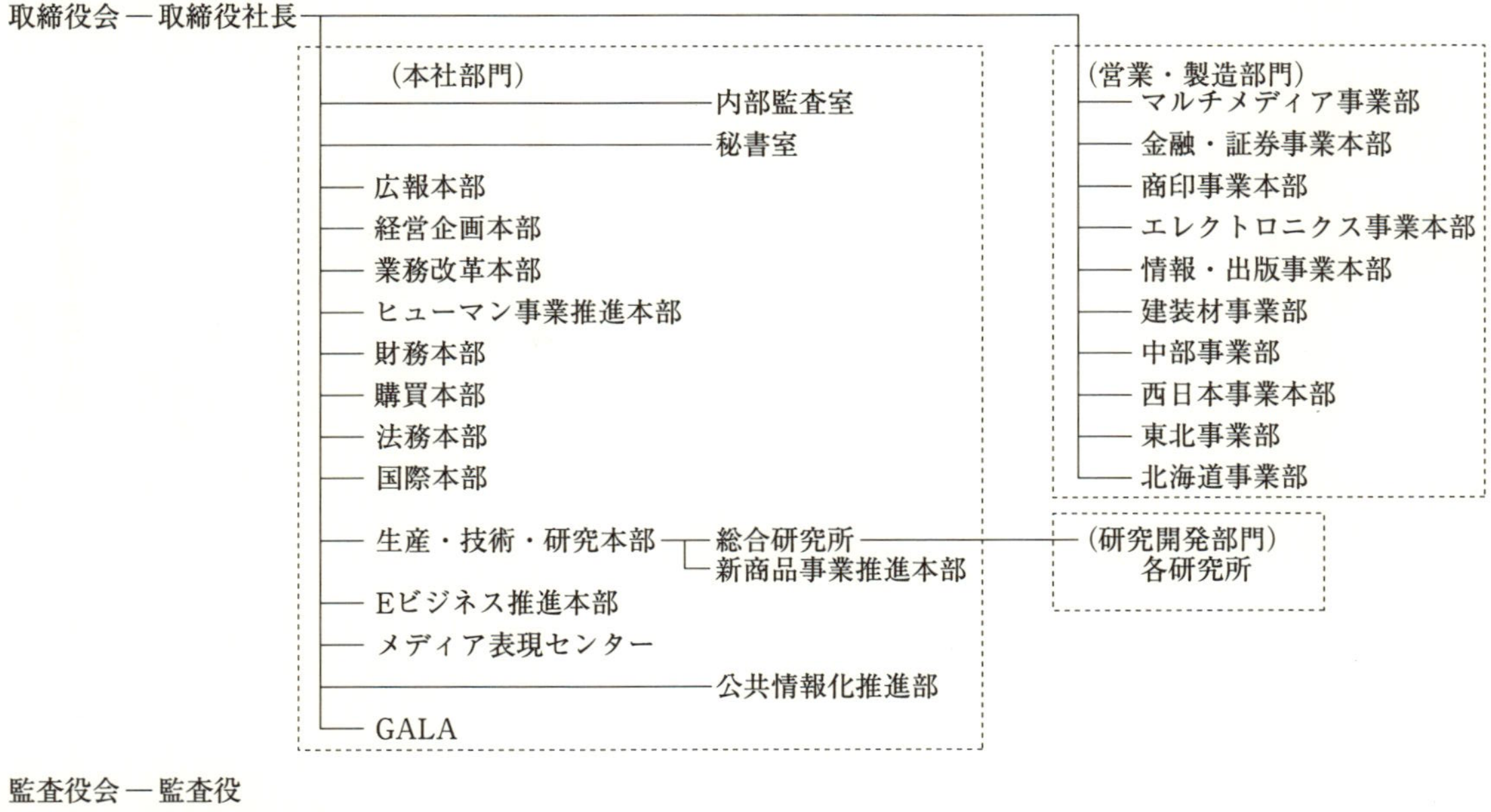

（出典）　凸版印刷株式会社資料.

図 2-5 カンパニー制組織の実例―ソニー株式会社の経営組織

ソニーグループの経営機構（概念図）

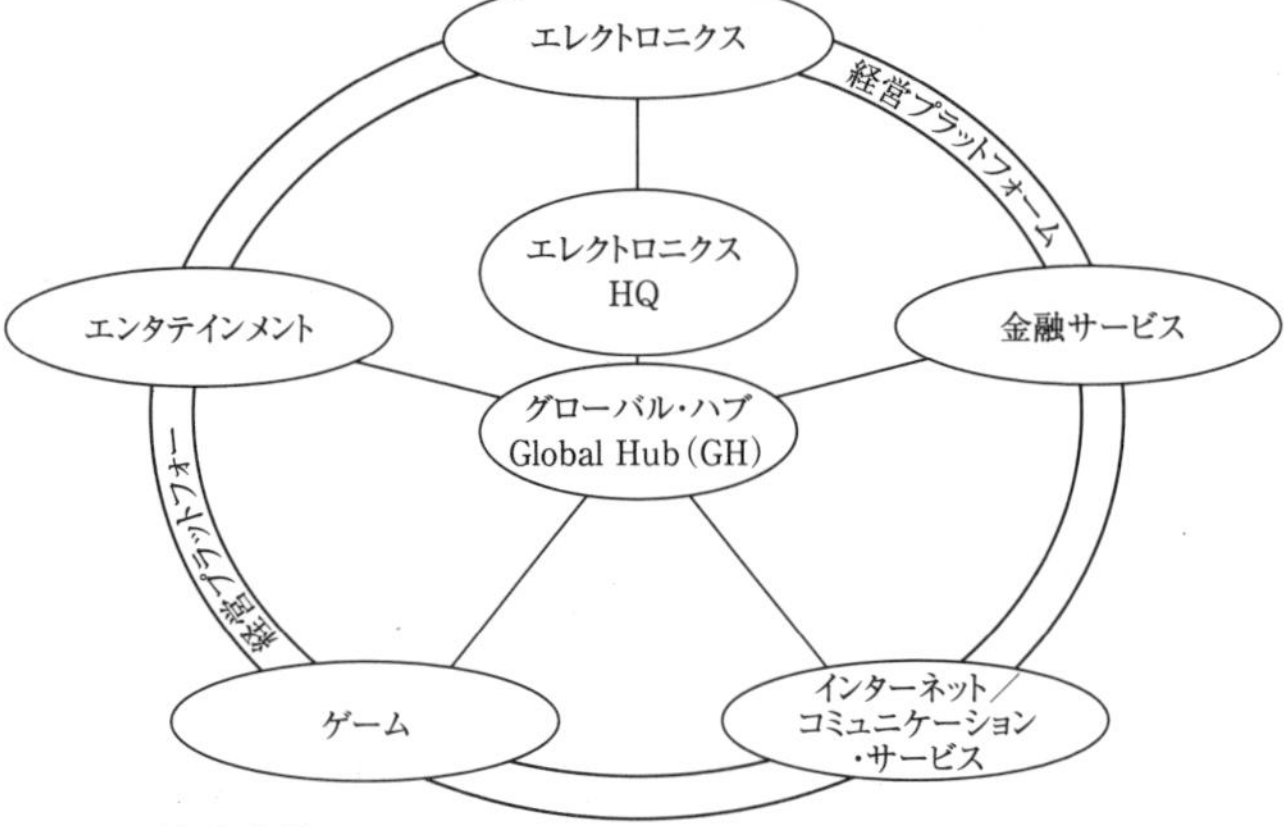

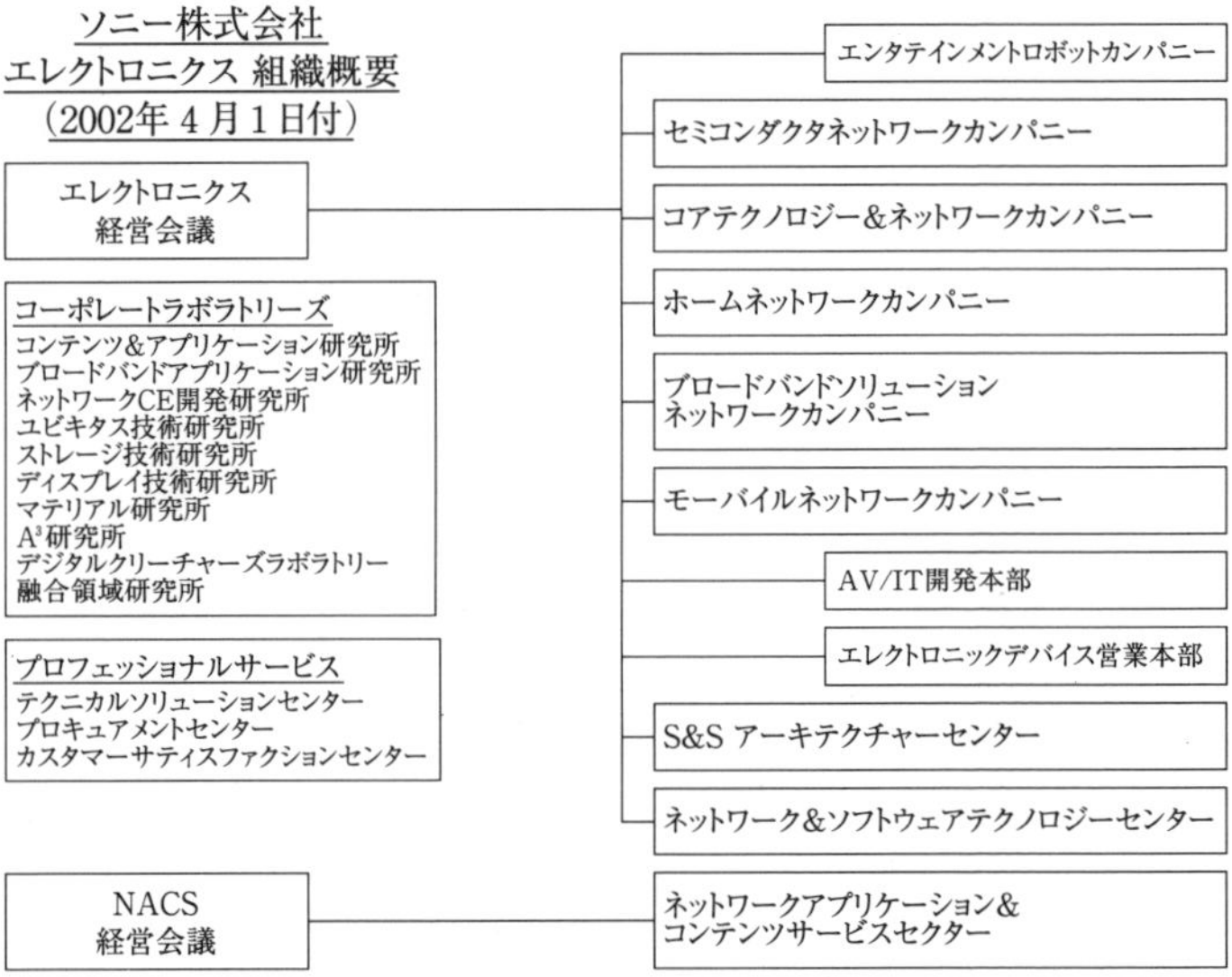

（出 典） http://www.sony.co.jp/SonyInfo/CorporateInfo/Data/structure.html
2002/05/16 をもとに作成.

(5) 純粋持株会社組織における業績管理

独占禁止法改正をうけて純粋持株会社が設立されるようになると業績管理のあり方は一変する。主力事業も子会社化され、ROE（Return on Equity＝自己資本利益率）などの経営指標をもとに他の子会社群と並列的に管理されるようになる。規模が大きくとも資本効率が悪ければ主力事業担当子会社の経営者も厳しい評価を受けることになる。純粋持株会社の設立によってはじめて全事業の業績管理を客観的に、公平に行うことができるようになるのである。年月を重ねるにつれ、経営者、社員の本業に対する意識も変わるであろう（各組織形態のイメージについては図2-3参照）。

3 いま、持株会社をつくるべきか

持株会社のメリット、デメリット

持株会社経営への移行は経営構造の根本的変革を伴うものである。したがって持株会社のメリット、デメリットを慎重に比較検討して意思決定を行う必要がある。

一　持株会社のメリット

(1)　戦略と事業の分離

第一にあげられるのが「戦略と事業の分離」である。すなわち、持株会社本社は、企業グループ全体の戦略の発動と経営管理・リスクマネジメントを行い、各々の事業会社は、担当する事業をひたすら推進するというものである。経営機能の推進母体の分離により企業グループ全体の経営効率を向上させることができる。

このメリットを発揮するためには、事業兼営持株会社では不十分であり、純粋持株会社を設立する必要がある。事業兼営持株会社では、どうしても事業兼営持株会社本体が担当する主力事業の状況に企業グループ全体の戦略がひきずられがちになるためである。純粋持株会社によってはじめて小さな本社による機動的な戦略の発動が実現できる。

(2)　経営構造変革のスピードアップ

M&A（合併・買収）、営業譲渡・営業譲受等の大規模な経営構造変革は、法的手続に加え、関係者のコンセンサスの醸成に時間を要し、また、困難を伴うものである。特に、合併、営業譲受により、他の会社の人員を受け入れた場合には、人の融和に数年から数十年かかるようである。持株会社経営の場合には、M&Aの手段としては合併よりも買収により、買収した会社は持株会社傘下の一事業会社となる。営業部門等、統合が必要な部門のみ、人員の移籍等により統合させる等の多様な手法をとることができる。合併の際に必ず悩む労働条件、賃金体系をいかに統一させるかという人にまつわる問題から解放される意味は大きい。従来、合併によっていた統合手法にかえて、持株会社を核とした各種代替手法を講じることにより経営構造変革のスピードアップをはかることができる。

(3) グローバル・スタンダードの充足

欧米の企業は従来から持株会社を選択可能な経営手法としてとらえ、必要に応じ様々な形態の持株会社を設立してきた。親会社本体が持株会社となることもあれば、下位の系列会社を持株会社とすることもある。また、海外事業等、特定の事業分野を対象とした持株会社も設立されている。さらに、経営戦略の変更を受けて、これらの組織形態が変更、解消されることもある。わが国の企業が事業部制組織を経営組織のひとつのあり方と位置づけ、活用しているのと同様に、欧米企業は、単一企業の枠を超え、企業グループ全体の経営構造の視点から持株会社を活用している。必要に応じて持株会社を活用できるということは経営のグローバル・スタンダード（国際標準）である。持株会社解禁となった今、わが国の企業は経営のグローバル・スタンダードを満たしたことになる。ただし、このメリットを享受するためには、必要な局面でいつでも持株会社を設立できるようによく研究、準備する必要がある。

(4) 経営責任の明確化

純粋持株会社傘下の事業子会社では自立した法人として独立採算の経営が行われる。事業部制、カンパニー制などの従来のわが国の組織形態では不十分であった経営責任の明確化を純粋持株会社組織で実現することができる（詳しくは「**2　組織と管理**」参照）。

二　持株会社のデメリット

(1) 経営の求心力の低下

担当する事業の成長に邁進することを要求される事業子会社は、自立性、主体性を高め、親会社に対して遠心力を働かせることになる。それだけ企業グループの経営の求心力は低下することになる。このデメリットを克服するためには、しっかりした経営哲学をもって企業グループを束ねる経営理念、経営ビジョンを確立することが重要である。

(2) 税負担の増加

現行の税制では会社間の損益通算が認められない。したがって、黒字の事業部と赤字の事業部を分

表 2-1　分社による税負担の増加

持株会社設立前			→	持株会社設立後			
会社				A会社		B会社	
A事業部	黒字	50		黒字	50		
B事業部	赤字	△30				赤字	△30
全社	黒字	20					
税金		10		税金	25	税金	0

（税率：50%と仮定）

社して別々の事業子会社を設立した場合、一般に税負担が増加する。これは、ひとつの会社の中では好業績事業の黒字は不振事業の赤字と相殺されて会社全体の課税所得は小さくなるが、別会社にすると、好業績会社の黒字がそのまま課税対象となるからである（表2-1参照）。

連結納税制度が導入されればこの問題は解決する。それまでは節税対策に知恵をしぼることになろう。

持株会社が解禁となった今、経営組織を再編して持株会社をつくるべきか。これは慎重に検討しなければならない経営課題である。従来から純粋持株会社の設立が認められていたアメリカで持株会社をもつ企業グループが必ずしも多くはないことを考えれば、企業グループの経営形態として持株会社が唯一最適の手法といえないことは明らかである。また、持株会社の多いヨーロッパでも、ダイムラークライスラーのように持株会社を解消したケースもある。反面、欧米、アジアの成長企業には持株会社を核にした企業グループの運営体制がよくみられる。アメリカ企業では、海外事業統括会社を持株会社としているケースが多い。持株会社が有効な局面があることも事実である。持株会社は万能手法ではない。持株会社は経営のひとつの選択肢である。

第二節　法　務

4　独占禁止法の規制

持株会社は独占禁止法でどのように規制されているか

(1)　持株会社とは、広い意味では、他の会社の株式（有限会社、合名会社等の社員の持分も含む。以下同じ）を所有することによって、その株式発行会社の事業活動を支配することを事業としている会社のことである。そのうちでも、これを主たる事業とする会社は、純粋持株会社ないし狭い意味での持株会社といわれ、それ以外の持株会社すなわち、主たる事業はほかにあり、これに加え他社の株式所有によりその事業活動支配を事業の一つとしている会社は事業兼営持株会社あるいは事業持株会社などと言われてきた。

なお、広い意味では勿論のこと、狭い意味でも、持株会社は会社であるから、営利を目的として活動する団体である（商法五二条）ことは言うまでもない。すなわち、持株会社としては、他の会社の事業活動を支配する、そのこと自体が究極の目的ではない。支配することによって持株会社に対する配当益を増やしたり、持株の価値を高めるなど持株会社にとって収益となることが究極目的なのである。

(2) さて、わが国の持株会社に対する厳しい法規制の沿革についてはすでに過去のこととなったので、以下略述するにとどめる。

戦前は、広い意味での持株会社全体について、これを統一的に規制する法律はなかった。

ところが、戦後連合国総司令部の主導で財閥による資本の集中と市場の寡占の排除、産業、経済の民主化、自由化の促進策が打ち出され、その一環として財閥解体措置が次々と実行された。そして、「私的独占の禁止及び公正取引の確保に関する法律」すなわち世に言う「独占禁止法」が昭和二二年四月に公布され、同年七月に施行されたが、同法律は財閥の復活を防ぐ狙いに基づいて、持株会社の禁止（同法第九条）、事業会社の株式保有の原則禁止（同法第一〇条）ほか様々な制限規定を設けた。

しかし、その後規制は徐々に緩和された。特に昭和二四年の改正において、事業会社の株式保有制限が原則禁止から原則自由に改められたことは、事業持株会社形態による他会社支配への道を開くこととなった。これまであまた形成されてきた企業グループの中核をなすのは、この事業持株会社である。すでに述べたとおり、事業持株会社は、主たる事業を「他の会社の事業活動を支配すること」以外に有しており、この意味で平成九年改正前の独占禁止法第九条には違反しない。この事業持株会社が許容されたことによって、「他の会社の事業活動を支配すること」以外になんらかの主たる事業を営む会社を中心として、いくつもの関連事業会社をその株式所有を通して強力な支配下に置き、一つのまとまった事業活動を行う企業形態は、今や産業のどの分野にもみられることとなった。これが事実上、独占禁止法第九条が形骸化したとか、もはや第九条を撤廃しても現実には大きな変化はないであろうとも言われた理由の一つである。

けれども、「事業持株会社」は、あくまで他の会社の事業活動を支配することを主たる事業とすることはできないのであって、その意味で「持株会社」制度とは根本的に異なるのである。そして、「持株会社」を解禁することへの強い要請は、日本の企業を取り巻く国際的大競争時代の厳しい情勢の中で日ごとに高まっていった。つまり企業集団形成の法的手段の幅を広げ、状況に応じて自由に選択できることが競争に打ち勝つために不可欠となったというわけである。ことにバブル経済崩壊後不良債権処理にあえぐ金融業界の立て直し、再編成のために金融持株会社解禁への動きが急速に高まった。

また、持株会社の解禁は、商取引の世界における諸制度の国際平準化の要請に応えることにもなる。

(3)

かくして平成九年六月持株会社を解禁するための独占禁止法大幅改正がなされて同年一二月から施行され、その後規制緩和推進計画に沿った同法改正の際等に持株会社に関する条文も若干改正され、現在の同法第九条は次のとおりとなっている。

(一項・持株会社設立の自由と規制)

事業支配力が過度に集中することとなる持株会社は、これを設立してはならない。

(二項・持株会社となることの自由と規制)

会社(外国会社を含む。以下同じ。)は、国内において事業支配力が過度に集中することとなる持株会社となってはならない。

(三項・持株会社と子会社の定義)

この条及び次条において持株会社とは、子会社(会社がその総株主(総社員を含む。以下同じ。)の議決権の過半数を有する他の国内の会社をいう。以下この章において同じ。)の株式(社員の持分を含む。以下同じ。)の取得価額(最終の貸借対照表において別に付した価額があるときは、その価額。以下同じ。)の合計額の会社の総資産の額(公正取引委員会規則で定める方法による資産の合計金額をいう。第六項において同じ。)に対する割合が百分の五十を超える会社をいう。

(四項・みなし子会社)

会社及びその一若しくは二以上の子会社又は会社の一若しくは二以上の子会社が総株主の議決権の過半数を有する他の国内の会社は、当該会社の子会社とみなして、この条の規定を適用する。

（五項・事業支配力が過度に集中することの定義）

第一項及び第二項において事業支配力が過度に集中することとは、持株会社及び子会社その他持株会社が株式の所有により事業活動を支配している国内の会社の総合的事業規模が相当数の事業分野にわたって著しく大きいこと、これらの会社の資金に係る取引に起因する他の事業者に対する影響力が著しく大きいこと又はこれらの会社が相互に関連性のある相当数の事業分野においてそれぞれ有力な地位を占めていることにより、国民経済に大きな影響を及ぼし、公正かつ自由な競争の促進の妨げとなることをいう。

（六項・事業報告書提出義務）

持株会社は、当該持株会社及びその子会社の総資産の額（国内の会社の総資産の額に限る。）を公正取引委員会規則で定める方法により合計した額が三千億円を下回らない範囲内において政令で定める金額を超える場合には、毎事業年度終了の日から三箇月以内に、公正取引委員会規則で定めるところにより、当該持株会社及びその子会社の事業に関する報告書を公正取引委員会に提出しなければならない。

（七項・設立時大規模資産の届出）

新たに設立された持株会社は、当該持株会社がその設立時において前項に規定する場合に該当するときは、公正取引委員会規則で定めるところにより、その設立の日から三十日以内に、その旨を公正取引委員会に届け出なければならない。

(4) これらの規定について要点を説明しよう。

1　まず、持株会社は、その事業支配力が過度に集中することとならない限り、自由にこれを設立したり、従来の会社を持株会社としてよいことになったのである。一項、二項の規定の仕方は制限条項のようにみえるが、改正前は「持株会社は設立してはならない。会社は持株会社になってはならない。」と規定していたのであるから、事業支配力が過度に集中しない限り自由に持株会社をつくってよいということは、まさに「持株会社解禁」といえる。

2　そして、この改正独禁法でいう持株会社とは、子会社の株式の取得価額の合計が会社の総資産額の五〇％を超える会社である。改正前は持株会社とは「株式（社員を含む）を所有することにより、国内の事業活動を支配することを主たる事業とする会社をいう」とされ、「事業活動を支配すること」「主たる事業とする」等の解釈をめぐって意見が分かれていた。今回の改正により、「事業活動を支配すること」などを要件からはずし、たんに会社の資産中に占める子会社株式取得価額の比率に絞ったことにより、持株会社の定義を明確にしたのである。会社資産中に占める子会社株式の取得価額の合計が五〇％以下なら持株会社に当たらないこととなる。

3　また、子会社とは、その総株主の議決権の過半数を特定のある会社に所有されている国内の

会社であり、さらに総株主の議決権の過半数を超える株式を

（一）ある会社とその一つあるいは二つ以上の子会社で

（二）ある会社の一つあるいは二つ以上の子会社だけで

所有する場合も、そのある会社の子会社とみなされる。

ここでもその割合が五〇％以下であれば、独占禁止法上の子会社とはならない。

4 右のような持株会社の定義と子会社の定義から、持株会社に株式を多数所有されていても独禁法上の子会社には当たらない場合があるし、子会社の株式を多数所有していてもその取得価額の合計が総資産の五〇％を超えないため独禁法上の持株会社に当たらない場合もありうる。この点商法上の親会社が、総株主の議決権の過半数を有する会社（有限会社なら総社員の議決権の過半数を有する会社）をいい、この親会社に議決権を所有されている会社を子会社ということで親会社と子会社が常に対応関係にあるのとは異なる。

5 「事業支配力が過度に集中する」という意味は、五項で具体的に定義されている。独禁法の立法目的の一つとして「事業支配力の過度の集中の防止」が掲げられているが（第一条）、第九条一項二項及び五項は持株会社の活動に関してとはいえ、「事業支配力の過度の集中」を立法目的の宣言文言中にとどめず法適用に当たっての基準とし、五項でその判断の要点を示したものである。これは持株会社、子会社の定義ともども行政による裁量的判断の範囲を少なくし

たものといえる。さらに具体的判断基準として、公正取引委員会からかなり詳細なガイドライン（「事業支配力が過度に集中することとなる持株会社の考え方」）が策定されている。

6　六項、七項は公正取引委員会において規模が巨大な持株会社を把握しておくための規定である。

(5)　第九条は右のとおり全面改正され、第九条の二（大規模会社の株式保有総額制限）、第一〇条（会社の株式保有制限・報告義務）、第一一条（金融会社の株式保有制限）も現在は概要次のようなものとなっている。

1　第九条の二（大規模会社の株式保有総額制限）

金融業（銀行業、信託業、保険業、無尽業及び証券業をいう）以外の事業を営む株式会社（持株会社を除く）で、その資本額が三百五十億円以上あるいはその純資産額が千四百億円以上である会社は、他の国内の会社の株式を取得したり、所有する場合、その株式取得価額の合計額が自己の資本相当額、あるいは純資産額のいずれか多い額（以下「基準額」という）を超えることとなる場合、この基準額を超えて他の国内の会社の株式を取得したり、又は所有してはならないことを原則とする。

2　第一〇条（会社の株式保有制限・報告義務）

一項において、会社は、他の会社の株式を取得したり所有することによって、一定の取引分野における競争を実質的に制限することとなる場合には、この株式を取得したり所有してはならず、また不公正な取引方法により他の会社の株式を取得したり所有してはならないとする。なお、ここでいう不公正な取引方法とは、不当に他の業者を差別的に取り扱うなど六つの行為類型の一つに当てはまり、公正な競争を阻害するおそれがあるもののうち公正取引委員会が指定するものである（第二条九項）。

二項においては、金融業以外の大規模会社が一定の基準を超えて他の会社の株式を取得したり所有する場合の公正取引委員会に対する報告義務を規定し、三項においては、外国会社について同様の報告義務を規定する。

3　第一一条（金融会社の株式保有制限）

金融業を営む会社は、他の国内の会社の株式をその発行済株式総数の百分の五（保険業を営む会社にあっては、百分の十）を超えて所有することとなる場合、その株式を取得したり所有してはならないことを原則とする。

(6)　持株会社がこれらの規定に違反した場合、公正取引委員会は他の違反行為の場合と同様、適当な措置を勧告し（第四八条）、あるいは審判手続（第四九条等）を経て審決（第五四条等）したり告発（第七三条）したりすることとなる。

5　その他の法規制

他社株式の保有を規制する独占禁止法以外の法律にはどのようなものがあるか

一　他社の株式を保有することを規制する法律は独占禁止法以外にもある。独占禁止法の場合は、私的独占を禁止し、公正で自由な競争を促進するなどして一般消費者の利益確保、国民経済の民主的で健全な発達を促進するという目的（独占禁止法第一条）のために各種の規定が設けられている。他の法律によっても、それぞれの立法目的に応じて異なる視点からの規制が設けられている。その主なものを次にいくつか列挙する。なお、金融持株会社による他社株式の保有に関しては、本節の「**7　金融持株会社**」で述べる。

二　主な規制

(1)　商　法

商法は合名会社、合資会社、株式会社を規制する。中でも多数の者から資金を集めて多くの取引を活発に行う株式会社については、株主、会社役員、債権者らの利害が複雑にからみ、弊害も生じやすい。このため商法では特に株式会社について多数の条文を設けて規律している。そのうち、株式会社が他社の株式を保有することに関し規制する条文としてはつぎのようなものがある（詳細については「**24　商法上の留意点**」参照）。

（一）子会社による親会社株式の取得制限（第二一一条ノ二）

平成一三年の商法改正により、会社の自己株式取得と保有は一定の条件の下に原則自由となったが（金庫株解禁）、子会社による親会社株式の取得は依然として原則禁止である。

（二）相互保有株式の議決権制限（第二四一条三項）

会社、親会社と子会社又は子会社独自で、他の株式会社の総株主の議決権の四分の一を超える議決権（有限会社であれば、総社員の議決権の四分の一を超える議決権）を有する場合、その株式会社（又は有限会社）は、その有する会社又は親会社の株式を所有していても、その議決権を有さない。このような議決権を認めると、会社経営陣による株主総会支配を容易にするからである。

(2) 証券取引法

証券取引法は、国民経済の適切な運営と投資家保護に資するため、有価証券の取引を種々規制するが、その中で持株会社、事業兼営持株会社が大量に子会社の株式を所有する場合に特に注意すべきものとしては、

(一) 第二七条の二三以下の株券等の大量保有状況開示についての条項である。ここでは株券等で証券取引所に上場されている会社の株券等保有割合が発行株券の百分の五を超えるときは、株券等保有割合に関する事項等内閣府令で定められる事項についての報告書(大量保有報告書)を、大量保有者となった日から五日以内に内閣総理大臣に提出しなければならないことなどが規定されている。これらの規定は公正な証券取引を確保するために設けられているのであるが、上場会社をその株式取得により支配下に置こうとするときは適用されることになろう。

(二) 証券取引所に上場されている会社等一定の会社が内閣総理大臣に貸借対照表、損益計算書等財務諸表を提出すべき場合、子会社を有するときは、子会社との連結財務諸表を作成し公認会計士らの監査証明を受けて提出しなければならない(第一九三条、一九三条の二、連結財務諸表の用語、様式及び作成に関する規則等)。親会社の財務状況は子会社と合わせて全体的に

見る必要があるためである。

(三) 平成一〇年六月金融システム改革のための関係法律の整備等に関する法律(金融システム改革法)等金融システム改革関連法が成立したことを受けて、証券取引法上のディスクロージャー制について整備が行われ、有価証券報告書は、報告書提出会社の個別情報を中心とする報告からその属する企業集団を把握できるように連結情報を中心とする報告に改められ、またディスクロージャーすべき範囲も拡大された。

(3) 金融関係の業法

金融持株会社ではなく、銀行業など金融関係の事業そのものを営む会社については、これらの会社の健全経営の確保、一般事業会社支配防止などの観点から、子会社となしうる会社の範囲が制限され(銀行法第一六条ノ二、保険業法第一〇六条等)、また子会社以外の会社の持株数について、制限規定が設けられている(銀行法第一六条ノ三、保険業法第一〇七条等)。なお、先に述べたとおり金融業を営む会社の株式保有制限規定は、独占禁止法第一一条にもある。

6　株主の権利

持株会社制度のもとで株主の利益はどのように守られているか

(1)　持株会社制度は一般株主の利益を事実上狭めるのではないかといわれている。

株主とは、本来株式会社という営利を目的とする社団（会社）に出資してその構成員（社員）となった者であり、会社の事業活動を適正に行わしめるため種々の権利を有する。しかし、現実には個々の株主の力は弱く、実権は経営陣である役員らが握っていると言えよう。なぜそうなのであろうか。

株式会社においては、会社に投資する者すなわち社員の地位は細分化された割合的単位である「株式」の形をとり、株主（社員）の義務は会社に対する株式引受価額を限度とする出資義務だけで、外部の会社債権者には一切責任を負わない。しかも株主は、会社から企業活動の成果としての利益配当は受けるものの、その経営に関しては、株主総会における重要事項の決議に参加するだけで、日常業務は株主総会で選任した取締役に一任することを原則とする（企業の所有と経営の分離）。そしていつでも株式を他へ譲渡して会社を離れることも原則的に自由である。

この点、対外的には無限責任を負い、自らも会社の業務執行にあたる合名会社の社員とはまったく異なる。

このように「株式」と「有限責任」を特徴とする株式会社は、社員の個性が重視されないため、大衆資本を集め大企業を形成するのに大いに役立ってきた。近代資本主義社会発展のためもっとも優れた法技術といわれる所以である。

ところが、株式会社における「所有と経営の分離」は、大勢の株主を集めた大企業になればなるほど取締役ら経営陣による会社支配を容易にする。おびただしい株主間に人的結束はなく、株主総会に出席することすらまれであるから、株主総会は、実際の持株数は全体の一部にすぎなくても「多数派株主」側の経営陣主導で決議されてしまうし、経営に関心のない大多数の株主は会社経営を監督するための権利さえ行使しないからである。

(2) かくして少数者による会社支配の傾向は一層高まったが、これが、取締役と一部株主が結託して違法な利益を得たり、取締役の経営責任を隠ぺいする等の不正行為を助長することにもなった。商法は経営者らの権限濫用によるこのような不正行為から株主や会社債権者を守るため、これまで何度も改正しては多くの規定を設けてきた。

現行の商法では、株主に自己が所有する株式発行会社の経営を監督し是正させるための権利として次の規定を設けている。

1　一株の株主でも行使できる権利（単独株主権）として、各種書類の閲覧権（第二四四条、第

二六〇条ノ四、第二六三条二項、第二八二条二項等）、株主総会決議取消の訴権（第二四七条）、累積投票請求権（第二五六条ノ三）、代表訴訟提起権（第二六七条等）、取締役等の違法行為差止請求権（第二七二条等）、新株発行差止請求権（第二八〇条ノ一〇）、新株発行無効の訴権（第二八〇条ノ一五）、会社設立無効の訴権（第四二八条）など。

2　総株主の議決権の一定割合以上又は一定数以上の議決権を有する株主（数人の株主が持株を合算してこの要件を充たしてもよい）が行使できる権利（少数株主権）として、株主総会における提案権（第二三二条ノ二）、株主総会招集権（第二三七条一項、二項等）、検査役選任請求権（第二三七条ノ二、第二九四条）、取締役等解任請求権（第二五七条三項、第二八〇条一項）、帳簿書類閲覧権（第二九三条ノ六）、整理申立権（第三八一条一項）、解散請求権（第四〇六条ノ二）、清算人解任請求権（第四二六条二項）、検査命令申立権（第四五二条一項）など。

(3)

しかし、これらの権利は、あくまで株主が自己の有する株式を発行している会社に対して行使できる権利であって、その親会社あるいは子会社に対して直接行使できる権利ではない。

このため持株会社制が実施されると、特に親会社の株主にとっては会社経営を監督する諸権利の行使が効果の乏しいものになるのではないかと危惧される。言い換えると、権利を行使できる範囲が事実上狭まるのではないかと心配されるのである。なぜなら、持株会社の資産はほとんどが子会社の株式である。そして持株会社の取締役ら経営陣は、子会社に対し、株主として株主総会に出席し、その取締役ら子会社経営に当たる者を選任した上、これに日常の業務活動につき戦略的指導をするなどして子会社の事業活動を支配する。そして子会社が収益を上げればその中から持株会社は配当益を受け、これが持株会社株主への配当財源となり、また持株会社の資産増加につながることとなる。したがって持株会社の株主にとって、その経営陣の取締役らが適切に業務を遂行しているかをしっかり監督するためには、子会社の経営実体を知る必要がある。持株会社の会計帳簿類や書類の閲覧をはじめとする持株会社の株主としての権利行使だけではどうしても不十分なのである。

(4)　そこで平成一一年一〇月一日から施行された改正商法により、持株会社（親会社）の株主は、子会社の経営実体を知る手段として、株主総会議事録（第二四四条四項）、取締役会議事録（第二六〇条の四・四項）、定款及び株主名簿等（第二六三条四項）、貸借対照表等計算書類（第二八二条三項）、会計帳簿書類（第二九三条の八・但し、親会社の総株主の議決権の一〇〇分の三以上を有する株主に限る）等の閲覧又は謄写等ができるようになった。また、この改正商法により、会社の業務執行に不正行為等の疑いのあるときに検査役選任請求権を行使できる株主の保有株数が総株主の議決権の一〇〇分の一以上から一〇〇分の三以上に緩和された上（第二九四条一項）、検査役はその職務を行うため必要ある時は子会社の業務及び財産の状況を調査できることとなった（同条二項）。

(5) この関係で特に問題となるのは株主代表訴訟であろう。株主代表訴訟は少数株主が直接経営陣に対し損害賠償請求するという形で経営者の責任を問う制度である。一般投資家のみならず、企業の社会的責任を問題とする市民団体にも注目され、ことに平成五年の商法改正で株主代表訴訟で裁判所に納める手数料が極めて低額でよいこととなったことから（第二六七条四項・現行は一律八二〇〇円）、実効性のある制度として次々と提起されつつある。これは経営者側にとっては脅威である。しかし、この株主代表訴訟も前述した帳簿書類閲覧権等株主に与えられた業務執行監督のための諸権利と連動してはじめて効果を上げうる。さらに親会社の株主に直接子会社の役員を相手取って代表訴訟を提起する権利や、子会社の総会決議取消の訴を認めるべしとするなど親会社の株主の利益を守るため、その権利の拡充を一層求める声が上がっている。

平成一三年一二月の商法改正で、取締役らの責任限度額と株主代表訴訟における和解に関する条項が設けられた（別項、「**25 持株会社の取締役**」(6)参照）。

7 金融持株会社

一般の持株会社とどう違うか

(1) 金融持株会社とは銀行業、保険業、証券業等の金融関係の会社を傘下子会社とする持株会社のことであり、一般の持株会社が金融関係以外の事業を営む会社を子会社にもつ点で異なる。

金融持株会社については、預金者保護等のため一般の持株会社解禁後も金融関係の法律を整備するまで認められていなかったが、平成九年一二月に「持株会社設立等の禁止の解除に伴う金融関係法律の整備等に関する法律」（以下「金融関係法律整備法」という）及び「銀行持株会社の創設のための銀行等に係る合併手続の特例等に関する法律（以下「銀行持株会社創設法」という）が成立したことにより、認められることとなった。金融関係法律整備法は、銀行法、保険業法、証券取引法等金融関係の法律の一部をそれぞれ改正するというもので、これによって各法律が改正され、銀行を子会社とする銀行持株会社は銀行法により、保険会社を子会社とする保険持株会社は保険業法により、証券会社を子会社とする証券持株会社は証券取引法により、それぞれ一定の規制を受けながら創設、運営することが可能となったのである。

(2) 金融持株会社の必要性は持株会社解禁論推進の中で大きな役割を果たしてきた。金融業界では従来業界全体の活性化、顧客にたいするサービスの多様化などのため銀行、証券といった業態の枠を取り払うなどの規制緩和を求める動きが強かった。金融持株会社を認めるべしとする論拠もこれに基づくものが多かったが、さらに近年金融破綻救済策の一つとして持株会社方式が注目され、その方面からも解禁が声高に叫ばれていた。なぜ救済に役立つかというと、不良債権を抱え込んだ銀行を他の有力銀行が吸収合併することは難しくとも、有力銀行と破綻に瀕した銀行の双方を子会社とする持株会社を設立すれば、そのグループ全体の信用を背景に不良債権処理がしやすくなるし、破綻に瀕した方の銀行独自にリストラを進めることもできるからである。

(3) しかし、金融機関は産業経済活動にとって有力な資金供給源であり、その日々の営みは国民生活にかかわるきわめて公共性の高いものである。このため金融関係の会社は私企業として全く自由というわけにはいかず、その公共性、信用性、預金者や投資家の保護等の観点から様々な規制を受けざるをえない。したがって、持株会社が解禁となっても金融関係の会社を子会社とする金融持株会社の場合は、やはり一定の規制に服させるべきことになる。

また、これらの金融持株会社も、「持株会社」の定義そのものは独占禁止法第九条三項と同じであり（銀行法第二条一二号、保険業法第二条一六号等）、銀行法等業種別の法律による規制を受けるほか、一般の持株会社と同じく独占禁止法による規制も受けるのである。

(4) 現行の法律による金融関係業の規制を概観すると、事業資格者限定（銀行業、保険業の免許制、証券業、貸金業の登録制など——銀行法第四条、保険業法第三条、証券取引法第二八条、貸金業の規制に関する法律第三条など）、事業範囲の限定（原則として、銀行は預金の受入れ、資金の貸付けなど、証券会社は有価証券の売買などに限定——銀行法第一〇条、証券取引法第二条八項など）、取引制限（銀行や証券会社の親会社とその子会社などとの間では親会社に不利益となる取引をしてはならない。銀行・証券会社間で一方の損失を他方へもたらさないためのファイヤー・ウォール＝「防火壁」と呼ばれる、弊害防止措置の一つとしての、アームズ・レングス・ルール――銀行法第一三条の二、証券取引法第四五条など）、監督調査権（監督官庁による報告・資料提出要求、立入検査権――銀行法第二四条、第二五条、証券取引法第五九条など）などである。

(5) 金融持株会社についてもこれらの規制の適用が検討された結果、銀行持株会社の場合、事業資格は認可制（銀行法五二条の一七）で、業務範囲は子会社の経営管理とその附帯業務に限定され（同法五二条の二一）、その子会社の業務範囲も銀行業以外には証券会社等に限定され（同法第五二条の二三）、取引制限規定も適用され（同法一三条の二）、監査官庁の調査対象ともされる（同法第五二条の三一ないし三三）。そのほか銀行役員の兼職制限に準じた役員兼職制限があり（同法第五二条の一九）、子会社の範囲を逸脱することを防止するために銀行持株会社及びその子会社による一般事業会社の株式保有につき合算して発行済株式総数の一五パーセントを超えてはならないこととされ（同法第五二条の二四）、銀行持株会社とその子会社グループ全体の業務、財務内容を明らかにさせるため、営業年度ごとに子会社と連結して記載した財務諸表等を公開すること（連結ディスクロージャー・同法第五二条の二七、第五二条の二八）などがある。

(6) 保険持株会社の場合も、事業資格の認可制（保険業法第二七一条の一八）、業務範囲の制限（同法二七一条の二一）、報告等の義務（同法第二七一条の二四ないし二六）、子会社の業務範囲の制限（同法第二七一条の二二）、等で規制される。また、子会社である保険会社の保険契約者等に対する特別の利益提供禁止規定（同法第三〇一条の二）等がある。

(7) 証券持株会社の場合、適正な証券取引の確保は証券会社そのものへの規制で足りると考えられているため、規制は緩やかで監督官庁の監督調査に服する規定が設けられているほか（証券取引法第五九条、第六五条の二第一〇項など）、証券会社とその親銀行等との間で取締役等の兼任禁止規定がある（同法第三二条）。

証券持株会社の例としては、大和証券グループが、平成一一年に入り「株式会社大和証券グループ本社」を設立して先駆けとなった。

(8) なお、銀行持株会社に関しては、銀行の特殊事情を考慮し、円滑な設立ができるようにするため前述した銀行持株会社創設法により、いわゆる三角合併と称する特例手続が認められている。これは、まず、既存の銀行が銀行持株会社となるべき新会社を設立し、次いでこの会社が新しい銀行を設立した上、既存の銀行と新銀行が、新銀行を存続銀行として合併し、この時既存銀行の株主が存続銀行から発行されて取得する新株を銀行持株会社となる会社に現物出資して、銀行持株会社から新株を発行してもらうことにより、既存銀行の株主であった者は銀行持株会社の株主となり、銀行持株会社は新銀行の株式をすべて保有する新銀行の親会社となるのである。

第三章　持株会社のつくり方

8 持株会社の創設方式
「株式交換」「株式移転」などと株式移動方式、「会社分割」と抜殻方式

従来、持株会社の創設方式は、株式移動方式と抜殻方式に大きく分けられると言われてきた。それは株式交換をはじめ持株会社の創設を容易にする法制が整備される以前に商法上の現物出資、営業譲渡など既存の法制を駆使して持株会社をつくる方式を説明する中で、これを二分類して比ゆ的に言い表したものであるが、株式交換等の法整備がなされた今日でも、創設方式としてこの二つに大きく分けて考えることも可能である。

1　株式移動方式…既存事業会社の株式を移動することによって既存会社の上に持株会社をつくる方法

(1)　株式移動方式の概要

既存の事業会社は、従来どおり事業を続け、ただ事業会社の株主が、その所有する株式を持株会社となる上位会社に移動させることによって、事業会社を傘下に治める持株会社をつくるというものである。

平成一一年の商法改正で認められた株式交換、株式移転の法制はこの部類に属する。また、従来どおり、持株会社となる会社が事業会社の株主から、その株式を現物出資してもらったり、公開買付によって買い取ったりすることによって支配株を取得する方法も可能である。

図示すると図3-1のようになる。

(2)　株式移動の方法

持株会社となる会社が既存事業会社の株式を集める方法として従来行われてきたのは、既存事業会社の株主からその株式を公開買付や相対取引で買い取ること、あるいは株主から持株会社となる会社へ株式を現物出資してもらい、その代わりに持株会社の株式を交付する方法であった。しかし、

図 3-1　株式移動方式

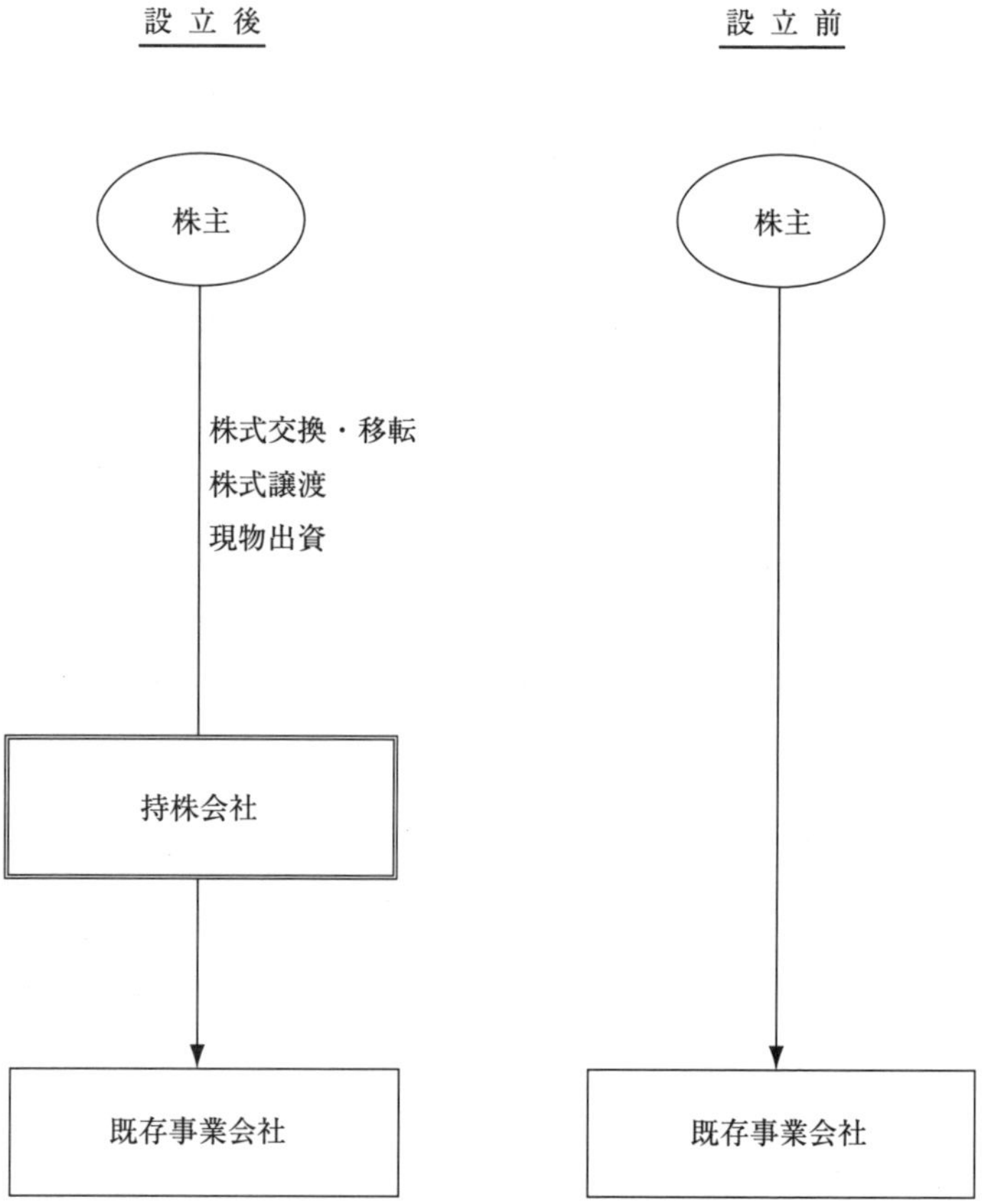

これらの方法では、現実に多額の買い取り資金が必要となったり、譲渡や増資に応じない株主が残存するなどの問題があった。そこで、平成一一年の商法改正において持株会社の設立を意図して株式交換、株式移転による株式移動が認められるようになった。株式交換、株式移転とも、株式を一〇〇%所有する親会社と、一〇〇%所有される子会社の関係、すなわち一〇〇%親子会社関係をつくりだす手法である。子会社の発行済株式総数（一〇〇%）を所有する会社を「完全親会社」といい、発行済株式総数（一〇〇%）を「完全親会社」に所有される子会社を「完全子会社」という（商法第三五二条参照）。

株式交換は、後述のとおり買収資金を準備せず、自社株の発行割当により他企業を買収できる企業買収の新手法でもある。

もっとも、事業会社を支配するに足る株式保有数は、発行済株式の一〇〇%とする必要はなく、規模の大きい会社ほど少ない株式でも支配が可能である。

このため株式買収等で株式を支配会社に集める従来の方法で持株会社化を図ることも行われるはずである。

以下、今後多くの企業で採用されるであろう株式交換及び株式移転について解説する。

(3) 株式交換

株式交換は、完全子会社となる会社の株主が所有するその会社の株式を完全親会社に移転し、一方で完全親会社株式の割当を受ける方式である（商法第三五二条）。株式交換は、完全親会社と「完全子会社となる会社の株主」の間で行われる。株式交換の結果、完全子会社となる会社の株主は完全親会社の株主になる（図3-2参照）。つまり、図のB株主（完全子会社となる会社の株主）とA社（完全親会社）の株式交換により、B株主はA社の株主になると同時に、B社はA社の完全子会社となるのである。

(4) 株式移転

株式移転は、完全親会社を新たに設立し、完全子会社となる会社の株主が所有するその会社の株式を完全親会社に移転し、一方で完全親会社株式の割当を受ける方式である（商法第三六四条）。株式移転の結果、完全子会社となる会社の株主は完全親会社の株主になる（図3-3参照）。図のX株式（完全子会社となる会社株式）のY社（完全親会社）への株式移転により、X株主はY社の株主になると同時に、X社はY社の完全子会社となるのである。

複数の既存会社が共同して一つの完全親会社を設立し、各既存会社の株主がその株式を完全親会社

図 3-2　株式交換

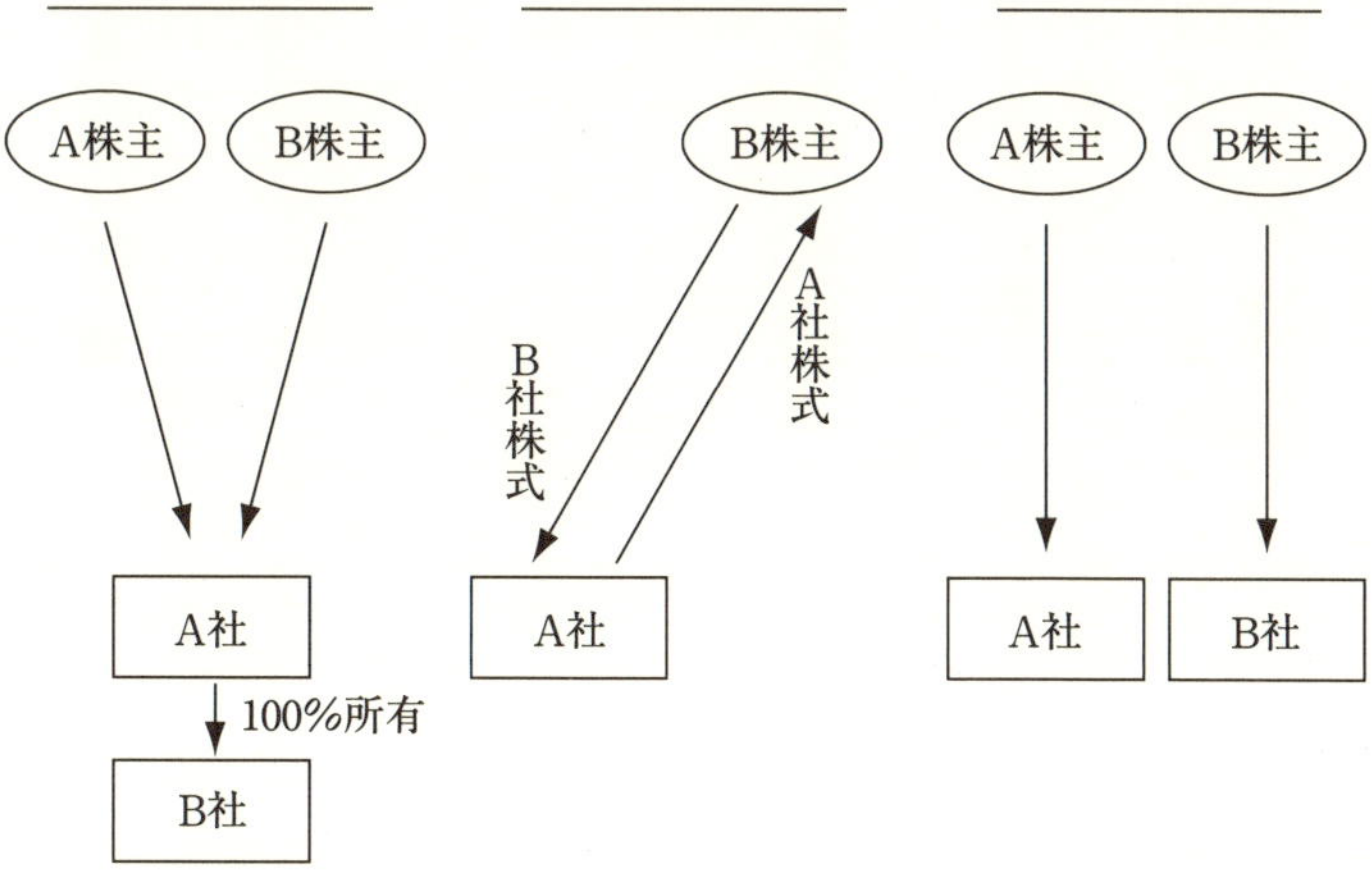

図 3-3　株式移転

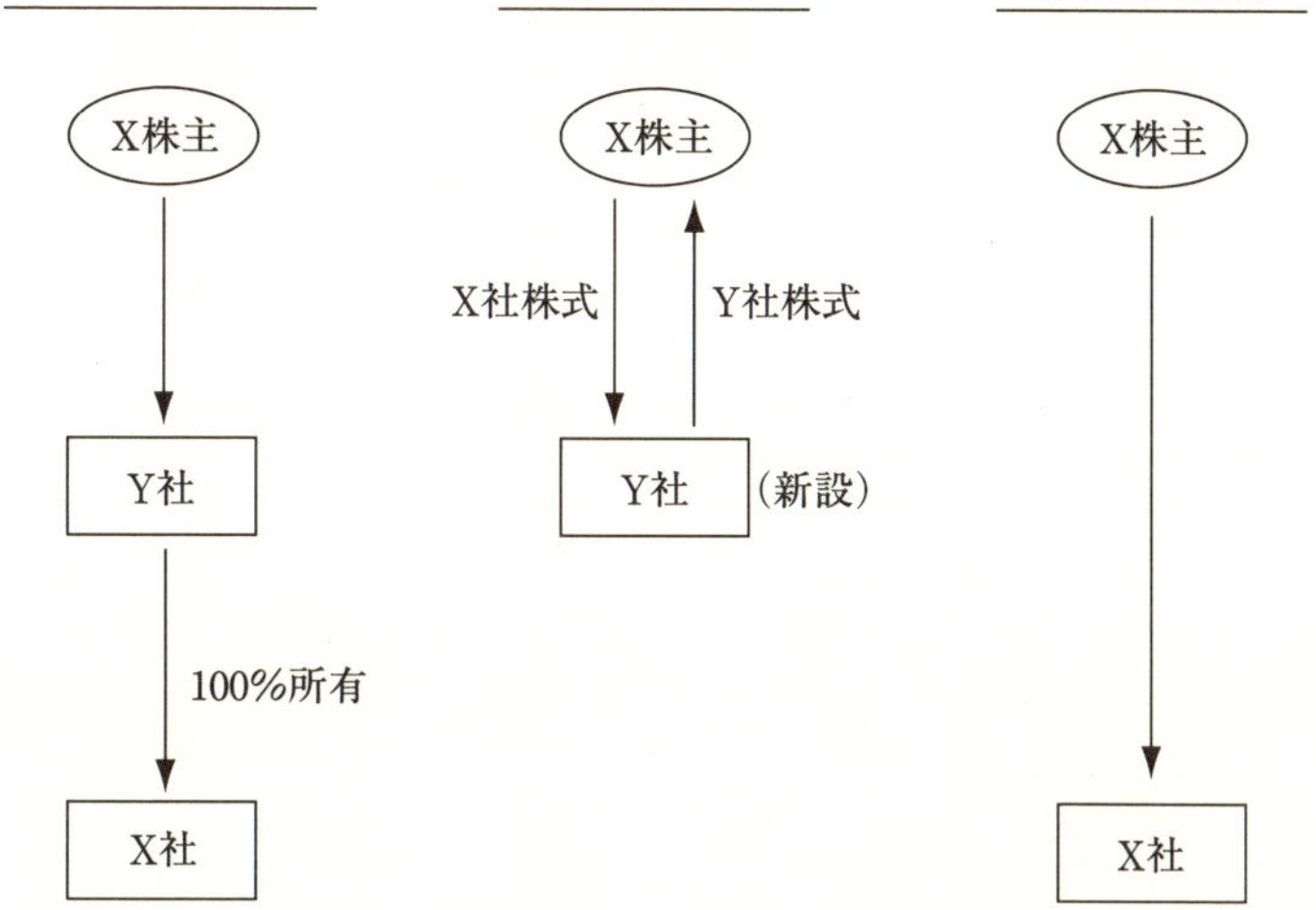

図 3-4　共同株式移転

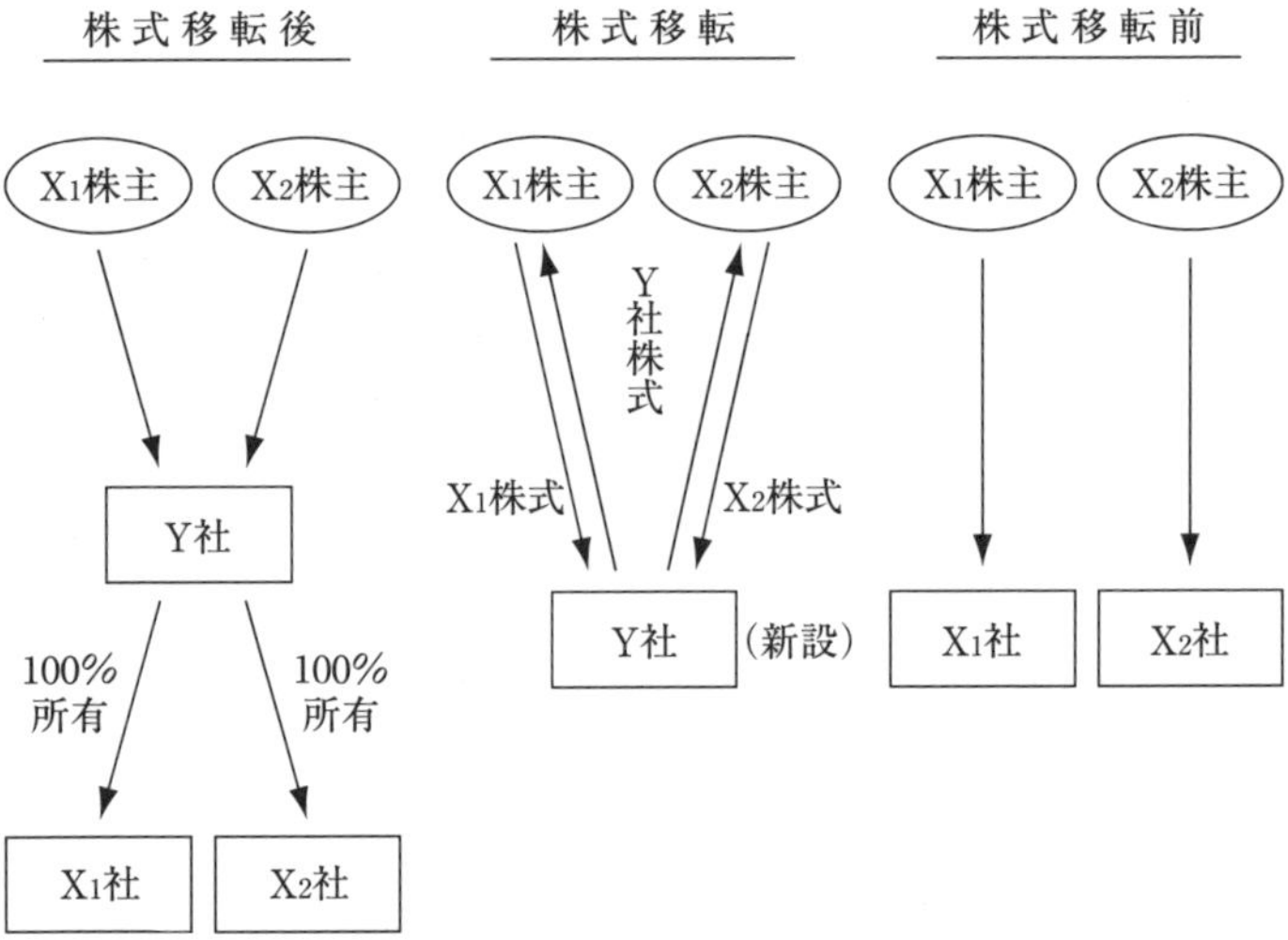

に移転する代わりに完全親会社株式の割当てを受けることにより、一つの完全親会社の傘下に複数の完全子会社を置くことも可能で（図3-4参照)、これは共同株式移転による共同持株会社設立といわれる。

(5)　株式交換、株式移転の手続

株式交換、株式移転は、経営構造、株主の地位に重要な影響を及ぼすことから、主として株主保護の観点から商法は別項（「**9　持株会社創設の法務**」(1)1、2、巻末表も参照）の手続を定めている。

(6)　株式移動方式導入の影響

株式交換、株式移転方式の導入は、以下の二面において、わが国の企業経営に重要な影響を及ぼすであろう。

（1）　持株会社体制のスムーズな構築

持株会社体制を構築する手法として、従来の現物出資、営業譲渡方式に比べて、株式交換、株式移転方式には次のようなメリットがある。

① 検査役調査が不要……現物出資、営業譲渡の場合に商法上必要とされた検査役調査が、株式交換、株式移転方式では要求されていない。

② 債権者保護手続が不要……株式交換、株式移転の場合には、債権者の権利関係に影響を及ぼさないことから、債権者保護手続が不要である。

③ 税務上の特例措置……株式交換、株式移転を行うことによって課税関係が生じないよう税務上の特例措置が講じられている。

また、株式交換、株式移転では、一部の株主の反対があっても、株主総会特別決議（一定の条件を満たす場合、完全親会社では省略可能）により、全株主に強制力をもって完全親子会社関係を創出できる。このように実務上のメリットが大きいことから、株式交換、株式移転は、持株会社体制をスムーズに構築する手法として急速に普及するものとみられる。特に純粋持株会社を頂点とする持株会社体制を構築する場合には、純粋持株会社を完全親会社として新設する株式移転が効率的な手法といえよう。株式交換の場合は、既存会社を完全親会社とすることから、純粋持株会社を頂点とする体制を構築するためには、株式交換前に純粋持株会社を別の方式で設立しておく必要がある。株式交換は、すでに設立された純粋持株会社の傘下に次々と完全子会社を加える際には効率的な手法になると思われる。したがって、大規模な持株会社グループ体制の構築には、株式交換と株式移転の両方式が局面に応じて選択適用されることになると考えられる。

（2） 企業買収の促進

企業買収を行う場合、わが国では従来は多額の買収資金を用意する必要があった。これが、株式交換の導入により無資金でも企業買収が可能となった。自社株と買収先企業株式の株式交換により、資金を使うことなく他社を傘下におさめることができるようになったのである。ただし、株式交換による企業買収を行う場合には、買収先企業の株主が自社の株主になるため、株主構成への影響に留意する必要がある。

アメリカでは、株式交換は従来から広く行われており、株価を非常に意識した企業経営が行われてきた。企業実態に比べて株価が低い場合には、企業買収の標的にされやすく、また、自社の株価が高ければ、株式交換で割り当てる株数が少なくてすむことから、企業買収をする側、される側の双方の経営者にとって株価はきわめて重要な関心事である。株式公開されている企業はもとより未公開会社でも株価は重要である。未公開会社でも、キャッシュ・フロー・バリューなど、各種の株主価値理論、企業価値評価手法を適用して株価算定が行われ、株価を意識した経営が行われている。

株式交換ができるようになったわが国において、企業買収が容易になると同時に、株価を意識した経営が経営者の課題になるであろう。

2 抜殻方式…事業会社自らが持株会社となる方法

(1) 抜殻方式の概要

この方式は、既存の事業会社の有する事業自体を子会社に移管し、既存の事業会社自体が持株会社に変身するというものである。つまり、既存の事業会社から事業を下に抜いてしまうという意味合いから「抜殻方式」と言われる。従来は、既存の事業会社の事業部門を現物出資して事業子会社を設立したりする現物出資の方法や、いったん金銭出資により子会社を設立し、設立後に事業部門をその会社に営業譲渡する方法などが行われていた。平成一二年の商法改正により、企業再編を容易にするため会社分割法制が設けられ、いくつかの分割方式が定められたが、その中で会社分割をする事業会社（分割会社）の営業を他の会社（承継会社）に承継させ、承継会社がその時発行する株式を全部分割会社が割当てを受けることによっても、抜殻方式が実現できることとなった。

図示すると図3-5のようになる。

図 3-5 抜殻方式

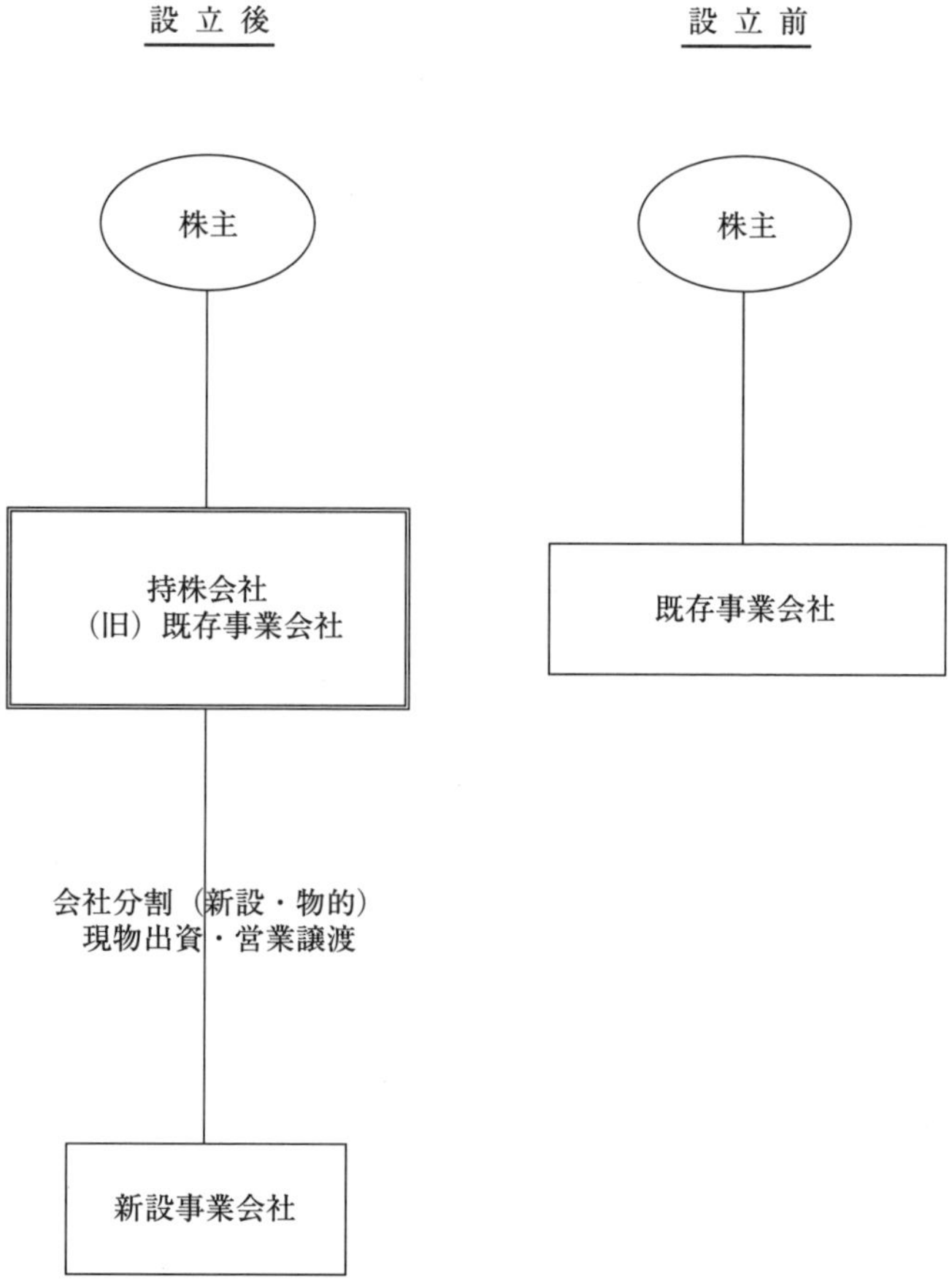
設立後
株主
持株会社
(旧) 既存事業会社
会社分割 (新設・物的)
現物出資・営業譲渡
新設事業会社
設立前
株主
既存事業会社

図 3-6 新設分割(1)

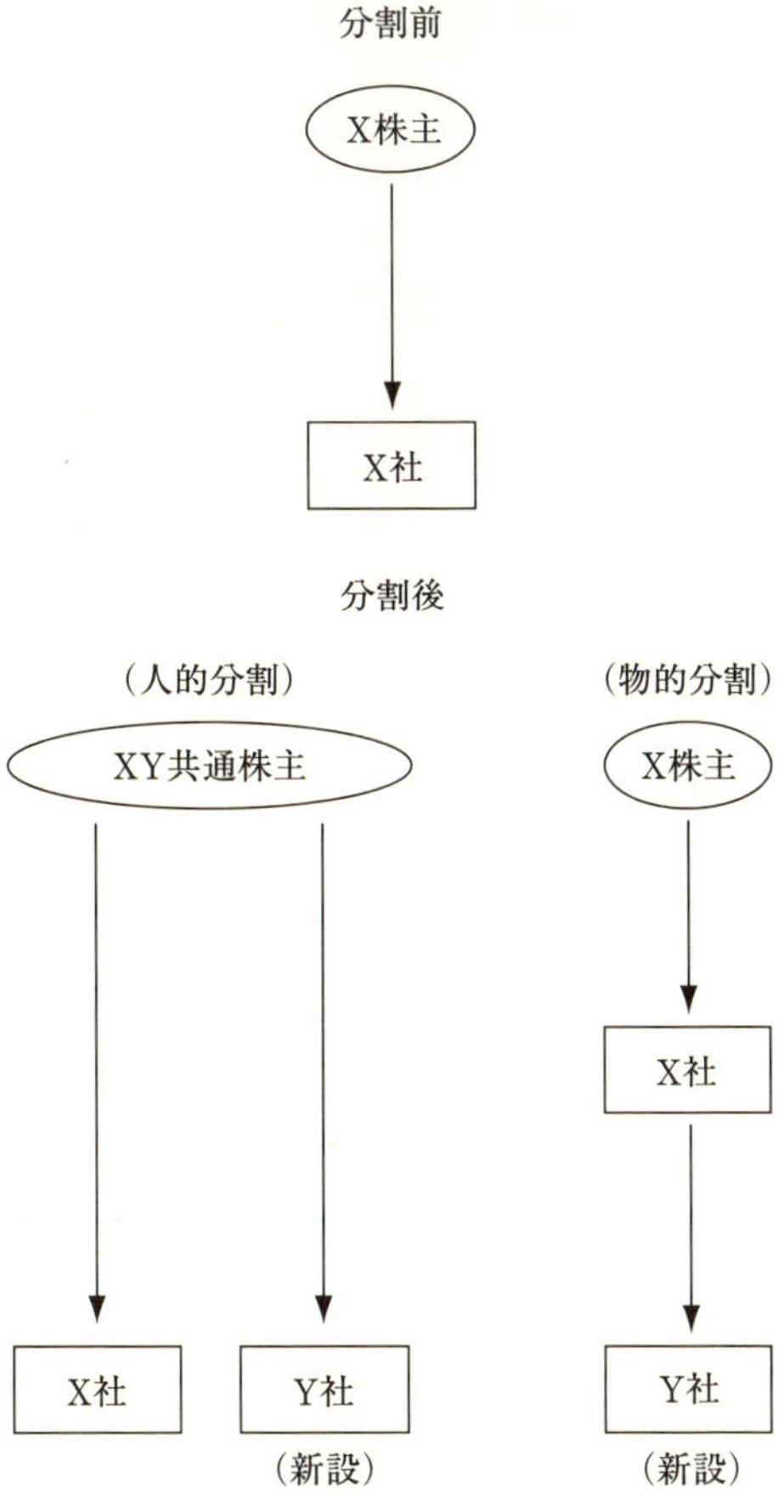

(2) 会社分割

（1）　会社分割とは、広い意味では一つの会社を二つ以上に分離することであり、従来は現物出資や事後設立などの方法で行われていたが、平成一二年の商法改正により、会社分割そのものを目的に、これを容易に実現できる法制が創設された（商法第三七三条以下）。これによると、会社は、その営業（「営業譲渡」の場合の「営業」と同じく、一定の営業目的のため組織化され有機的一体として機能する財産）の全部又は一部を他の会社に承継させることができ、承継した会社は営業の財産的価値に応じて、それに見合う自社株式を発行するというものである。承継会社が新設される会社であれば新設分割、既存の会社であれば吸収分割といい、分割にあたり承継会社から発行される株式の割当先が分割会社である場合を物的分割（又は「分社型の分割」）、分割会社の株主である場合を人的分割（又は「分割型の分割」）という。

(2) 会社分割は、分割をする会社又はその株主が、営業を承継する会社の発行株式の割当を受けて取得するため両会社との間に親子会社又は兄弟会社といった資本的結びつきを生ずる。これに対し、営業譲渡では譲渡会社は譲受会社から営業の対価が支払われるため資本的結びつきは生じない。

(3) 会社分割法制により既存の事業会社を持株会社化する場合、新設分割により、まず、既存会社（図3-6ではX社）が新会社（同Y社）を設立し、既存会社の事業を全部新会社に承継させて、新会社が発行する株式をすべて既存会社に割当てる物的分割を行えば、既存会社と新設会社とは完全親子会社関係になるとともに、既存会社は直接事業を行わない完全な持株会社となることができる。なお、既存会社が一部の事業を新設会社に承継させ、その発行株式を物的分割により取得すれば、既存会社は新設会社を傘下に置く事業兼営持株会社となる。既存会社が複数の事

図 3-7 新設分割（2）

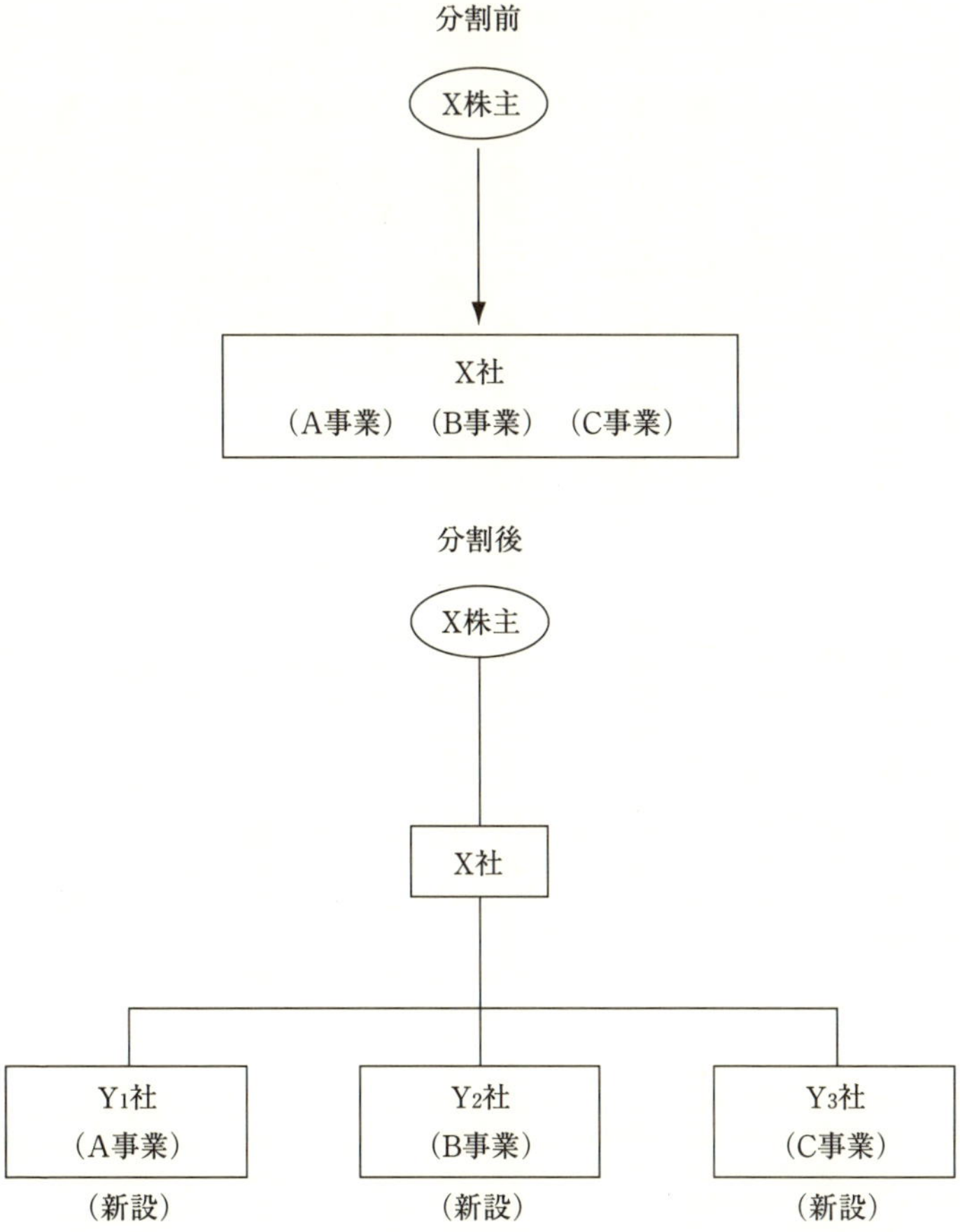
分割前
X株主
X社
（A事業） （B事業） （C事業）
分割後
X株主
X社
Y1社
（A事業）
（新設）
Y2社
（B事業）
（新設）
Y3社
（C事業）
（新設）

図 3-8 吸収分割

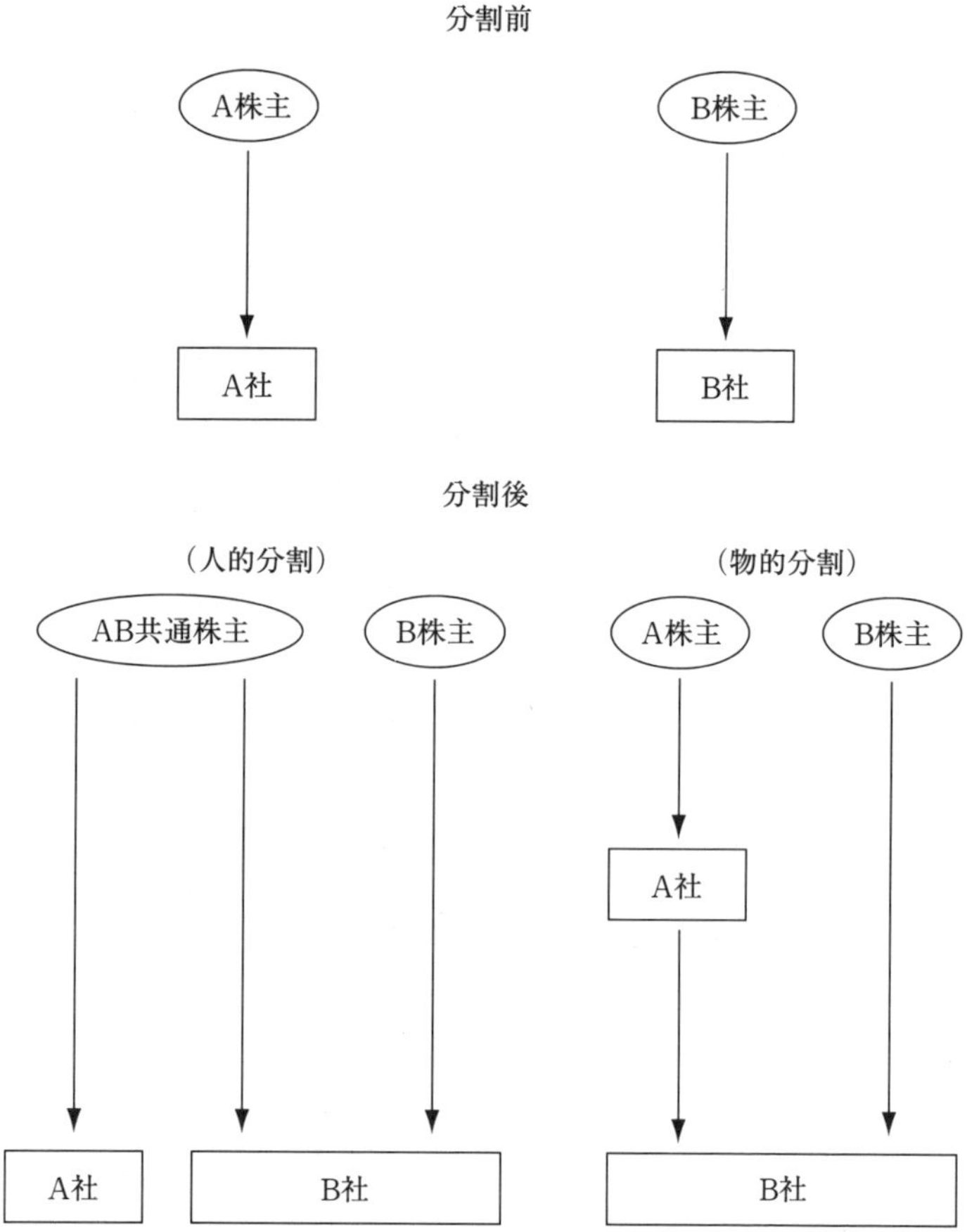
分割前
A株主
B株主
A社
B社
分割後
（人的分割）
（物的分割）
AB共通株主
B株主
A株主
B株主
A社
A社
B社
B社

業を行っていて、これを新設する複数の子会社それぞれに分配して承継させることも可能であり、その場合図3-7のような形態となる。

(4) また、吸収分割の場合でも、分割会社（図3-8のA社）から承継される事業規模が承継会社（同B社）のそれよりも大きく、承継に当たり発行される株式数が既発行株式数より多いような場合に物的分割をすれば、分割会社は承継会社を傘下に置く持株会社となることが可能である。

(5) 会社分割は、経営構造、株主や債権者の地位、さらには従業員の労働条件等にも重要な影響を及ぼすことから、商法は別項（「**9 持株会社創設の法務**」(1)3、巻末表も参照）の手続を定め、また、別項（「**26 労働法**」(1)参照）のとおり新たに制定された労働契約承継法（正式には「会社の分割に伴う労働契約の承継等に関する法律」）により労働者保護が図られている。

また会社分割も合併、営業譲渡と同じく独占禁止法により一定の場合事前届出を要するなどの法規制がなされている。

(3) その他の方法

会社を分ける抜殻方式の手法としては会社分割法制のほか「現物出資」による方法と「営業譲渡」による方法がある。

① 現物出資による方法

（a）現物出資による新会社の設立……事業部門の財産を現物出資して事業子会社を設立する方法。

（b）新会社設立後の現物出資……いったん金銭出資によって事業子会社を設立し、設立後に事業部門の財産をその会社に現物出資する方法。

（c）既存子会社に対する現物出資……すでにある子会社に事業部門の財産を現物出資し、事業子会社として再編する方法。

② 営業譲渡による方法

（a）事後設立による営業譲渡……金銭出資によって事業子会社を設立し、設立後に事業部門の営業（財産）をその会社に譲渡する方法。事業子会社からみれば営業譲受を行うことになる。設立時に営業譲受の対価を支払う資金として十分な資本金が払い込まれる。

（b）財産引受による営業譲渡……発起人による財産引受契約を付けて事業子会社を設立し、契約に基づいて事業部門の営業（財産）をその会社に譲渡する方法。事後設立同様、営業譲受の対価の資金手当てが必要になる。

（c）既存子会社に対する営業譲渡……すでにある子会社に事業部門の営業（財産）を譲渡し、事業子会社として再編する方法。この子会社の営業譲受支払資金を確保するために増資、長期貸付などの資金対策が必要になる。

現物出資、営業譲渡には独占禁止法上の届出、商法上の検査役の調査（一定の場合には不動産鑑定士の鑑定評価・弁護士の証明で代替可能）などの法律手続が必要である。公開会社等の場合には証券取引法の規制を受けることになる。また、圧縮記帳制度、土地重課制度など税法規制も多岐にわたっており税務対策も重要である。

さらに、以上見てきたいずれの方法による場合も、事業子会社として分社される事業部門は、事業部、ビジネス・ユニットなど一体性のある事業体として社内分割されていることが前提になる。したがって、機能別組織体制の会社など社内で事業分割されていない会社は、一足飛びで分社経営を行うことには無理がある。まず、事業部制の採用など、企業内分社を検討することが望ましい。

9 持株会社創設の法務

創設の手続はどうするか

(1) 持株会社創設に向けての手法は前項で述べたとおりであり、いずれも従来行われてきた新会社設立、現物出資、営業譲渡、会社合併などの制度を複合的に駆使したもののほか、子会社株式を一〇〇%保有する完全親会社を作る方法として、平成一一年一〇月一日から施行された改正商法による、株式交換と株式移転がある。また、平成一三年四月一日から施行された改正商法による、会社分割法制によっても持株会社を作ることができる。新設の株式交換と株式移転の両制度は、完全親会社をつくるときだけに限定される方法であるが、既存の企業グループを持株会社を中心にまとめていこうとする今後の動きの中では、簡便な方法としてかなり活用されると思われるので、まずここでその要点を概説し、次いで会社分割法制を概説する。

1 株式交換（第三五二条以下）

（一）既存の会社のうち完全子会社となる会社の株主が有するその株式をすべて完全親会社に移転させ、代わりに完全親会社となる会社が発行する新株を子会社の株主であった者に割当てて株式を交換し、これによって、親会社は子会社の発行済株式を一〇〇パーセント保有する一方、子会社の株主であった者は親会社の株主の一員となる。

（二）株式交換の効力が生ずるのは、この株式の交換が行われた時からである。

（三）株式交換は、双方の株主にとって重大な利害に関わる事項であるため、株主保護の観点から次のごとく厳格な手続を踏むこととされている（巻末資料参照）。

① 株式交換契約交渉に着手する。

この段階で株式交換に関する基本事項についての合意書を取り交わす場合は、会社にとって重要な業務執行にあたるから、双方の会社の取締役会でその承認決議を要する（第二六〇条二項）。

基本事項が合意されるまで極力秘密裡に交渉を進めたい反面、上場会社の場合株式交換は業務等に関する重要事実に該当するため、公表時期が遅いと、インサイダー取引禁止規定（証券取引法第一六六条）に違反する取引が行われるおそれを生ずる。

② 株式交換契約書を作成する（第三五三条）。契約書には完全親会社となる会社が株式交換に際して発行する新株に関する事項、株式交換の日その他法定の事項を記載する。株式交換の日は、株式交換の効力発生日であるから、一定の日付を記載するのが妥当である。株式交換契約書雛形（巻末資料）参照。

③ 株式交換契約締結は会社の重要な業務執行であるから、双方の会社の取締役会で承認決議を要する（第二六〇条二項）。

④ 双方の会社間で株式交換契約締結をする。

⑤ 取締役会を開いて株主総会招集決定をする（第二三一条）。株主総会招集決定は、②の承認決議と合わせて一度の取締役会で行うことも可能である。

⑥ 株主総会の日の二週間前より株式交換の日の六ヶ月を経過する日まで、双方の会社の本店に株式交換契約書、完全子会社となる会社の株主に対する株式の割当に関する事項記載書面など法定の書類を備え置いて、株主の閲覧等に供する（第三五四条）。

⑦ 双方の会社で株主総会を開き承認決議をする（第三五三条、第三四三条）。

この総会の招集通知には、株式交換契約書の要領を記載しておかなければならない。決議は、総株主の議決権の過半数を有する株主が出席して、その議決権の三分の二以上の賛成を要する特別決議である。

ただし、完全親会社となる会社の定款に株式譲渡には取締役会の承認を要する旨の株式譲渡制限規定があり、完全子会社となる会社にその旨の規定がないときは、完全子会社となる会社における承認決議は、総株主の過半数にして総株主の議決権の三分の二以上の賛成を要する、より厳しい特別決議となる。完全親会社となる会社が株式交換により定款を変更してこの株式譲渡制限規定を設ける場合、その会社及び株式譲渡制限規定をもたない完全子会社となる会社の双方において同様にこの厳しい特別決議を要する（第三五三条五項、六項、第三四八条一項）。

どちらか一方の株主総会で承認されなければ株式交換は実現しない。

⑧　反対株主の株式を買い取る（第三五五条）。

株式交換に反対の株主は、株主総会に先立ち会社に対し書面で反対の意思を通知し、かつ、総会においても株式交換承認に反対した上、自己の株式を、承認なければ有したであろう公正な価格で買い取るよう請求することができ、会社はこれに応じなければならない。

⑨　完全子会社となる会社の株券の失効手続をする（第三五九条）。

完全子会社となる会社は、株式交換の承認決議をしたときは、株式交換日の一ヶ月前に、(イ) 承認決議をしたこと (ロ) 株式交換の前日までに株券及び端株券を会社に提出すること (ハ) 株式交換日に株券及び端株券は無効となることを公告し、かつ株主及び株主名簿に記載のある質権者には各別にこれを通知する。

⑩ 変更登記をする（第一八八条三項、第六七条）。

完全親会社は、株式交換にあたりその保有する自己株式を、完全子会社となる会社の株主に移転することができるが（第三五六条）、新株を発行して割当てるときは、発行済株式数や資本額が増加するため、変更登記をしなければならない。その他株式交換にあたり登記事項に変更のあるときは変更登記をする。

⑪ 株式交換の日その他株式交換に関する法定の事項を記載した書面を株式交換の日より六ヶ月間双方の会社の本店に備え置いて、株主の閲覧等に供する（第三六〇条）。

(四) 以上が手続の概要であるが、いわば「簡易株式交換」として、完全親会社となる会社が株式交換に際して発行する新株の総数がその会社の発行済株式の総数の二〇分の一を超えないときは、完全親会社となる会社で株主総会の特別決議を要しない（第三五八条本文）。完全子会社となる会社の規模が小さな会社と株式交換をしても、完全親会社となる株主に与える影響は少ないので、簡易合併（第四一三条ノ三）と同様の扱いを認めたものである。但し、完全子会社となる会社の株主に多額の株式交換交付金（株式交換比率の端数を金額に換算して支払われる）を払って株式交換のための新株発行総数を少なくする脱法的行為を防止するため、株式交換交付金の額が完全親会社となる会社の純資産額の五〇分の一を超えるときは簡易株式交換は認められない（第三五八条但書）。

（五）株式交換による完全親会社の資本増加額は、株式交換日における完全子会社の純資産額を基準に制限される（第三五七条）。資本充実の原則を害さないためであり、資本増加限度額まで資本を増加させないときは、残額を資本準備金として積み立てなければならない（第二八八条ノ二、一項二号）。

（六）債務超過会社を子会社とする株式交換ができるかについては、株式交換により完全親会社の資本増加を予定している第三五七条の趣旨から否定されるべきである。

（七）完全親会社の下に二社以上の完全子会社を同時につくるべく、株式交換を三社以上の会社で行うこともできると解されるが、この場合一社の株主総会でも承認が得られなければ全体の株式交換ができなくなると考えられる。

（八）完全親会社となる会社の取締役、監査役で株式交換前に就職しているものは、株式交換契約書に別段の定めがない限り、株式交換後最初に到来する決算期に関する定時総会終結の時に退任する（第三六一条）。完全親会社の役員人事に完全子会社となる会社の株主であった者の意思を反映させるためであるから、任期途中での退任を避けるためには、株式交換契約書に本来の任期まで退任しない旨記載し、完全子会社となる会社の株主総会でも承認を受けておく必要がある。

（九）株式交換手続に無効事由があれば、会社の株主、取締役等は株式交換無効の訴を提起できるが（第三六三条）、多くの利害関係人に影響するため、訴え提起期間、提起権者等が制限され、また、判決の効力は遡及せず、かつ、訴訟の当事者ではない第三者にも及ぶ。

2　株式移転（第三六四条以下）

（一）完全子会社となる会社の株主が有するその会社の株式を全て株式移転によって新たに設立される完全親会社に移転し、完全子会社となる会社の株主は、完全親会社が株式移転に際して発行する株式の割当を受けることによって完全親会社の株主となるというものである。

（二）株式移転は、これによって設立した完全親会社が、その本店所在地において、設立の登記をなすことによって、その効力を生ずる（第三七〇条）。

（三）株式移転の場合も、設立する完全親会社の定款規定など移転決議に必要な事項につき、まず取締役会において承認決議（第二六〇条二項）を経てから、株主総会の特別決議による承認を要する（第三六五条）。右と同一の取締役会において株主総会招集決定をすればよい。また、この株主総会の日の二週間前より株式移転の日後六ヶ月を経過するまで、株式移転の議案の要領等法定の書類を会社本店に備え置いて株主の閲覧などに供し（第三六六条）、承認決議後は、（イ）承認決議をしたこと（ロ）一ヶ月以上の一定の期間内に株券及び端株券を会社に提出すること（ハ）株式移転日に株券及び端株券は無効となることを公告し、かつ、株主等には各別に通知しなければならず（第三六八条）、反対株主には株式買取請求権が認められ（第三七一条、第三五五条）、設立される完全親会社の資本額の限度（第三六七条）と資本準備金積立（第二八八条ノ二、一項三号）、株式移転無効の訴え（第三七二条）等株式交換と同様の規定が設けられている。

なお、株主総会決議事項の一つである「株式移転を為すべき時期」（第三六五条一項五号）とは、株式移転の登記を除き、株式移転に必要な法定手続をすべて終了する予定日をいい、実際にその手続を終了した日が株式移転の登記をなすべき期間（第三六九条）の起算日となる。

3 会社分割（第三七三条以下）

（一）会社の営業の全部又は一部を他の会社に承継させる制度で、「営業」とは「営業譲渡」における「営業」と同じく、一定の営業目的のため組織化され、有機的一体として機能する財産（得意先関係等の経済的価値のある事実関係を含む）を意味する。

営業を承継する会社が新たに設立される場合を「新設分割」、既存の会社である場合を「吸収分割」といい、承継する会社から承継にあたり発行される株式の割当を受けるのが分割をする会社の場合を「物的分割」、その株主である場合を「人的分割」という。

（二）会社分割の効力が生ずるのは、新設分割では新会社の設立登記の時から（三七四条ノ九）、吸収分割では承継会社の本店で登記をした時からである（三七四条ノ二五）。

（三）分割手続概要

① 新設分割

（a）分割計画書の作成に着手する（三七四条）。分割計画書雛形（巻末）参照。新設会社の資本は、分割会社から承継する財産の価額より承継する債務の額と分割会社又はその株主に支払う金額を控除した額以下とする（第三七四条ノ五）。

分割の基本方針決定は、労働者側との協議、証券取引法第一六六条の業務等に関する重要事実の公表にあたり不可欠であるが、これは会社の重要な業務執行であるから取締役会の決議を要する（第二六〇条二項）。

（b）取締役会を開催する。

分割計画書の内容確定は会社の重要な業務執行につき、取締役会の承認決議を要する（第二六〇条二項）。

株主の承認を得るための株主総会招集決定をする（第二三一条）。

（c）労働者・労働組合に対する通知、協議、労働者からの異議申出等「会社の分割に伴う労働契約の承継等に関する法律」（労働契約承継法）による労働者保護法規手続を履行する。

（d）分割計画書、株式割当に関する事項の理由書、債務の履行見込み及びその理由書等を株主総会の二週間前より分割の日後六ヶ月を経過する日まで、会社本店に備え置いて、株主及び債権者の閲覧等に供する（第三七四条ノ二）。

（e）株主総会を開き承認決議をする（第三七四条、第三四三条、第三四八条一項）。

この総会の招集通知には、会社分割計画書の要領を記載しておかなければならない。

決議は、総株主の議決権の過半数を有する株主が出席して、その議決権の三分の二以上の賛成を要する特別決議である。

ただし、新設会社の定款に株式譲渡には取締役会の承認を要する旨の株式譲渡制限規定を設ける場合、分割会社にその規定がないときの承認決議は、物的分割のみのときを除き、総株主の過半数にして総株主の議決権の三分の二以上の賛成を要する、より厳しい特別決議となる。

（f）反対株主の株式を買い取る（第三七四条ノ三）。

株式分割に反対の株主は、株主総会に先立ち会社に対し書面で分割反対の意思を通知し、かつ、総会においても分割計画書承認に反対した上、自己の株式を、承認なければ有したであろう公正な価格で買い取るよう請求することができ、会社はこれに応じなければならない。

（g）債権者保護手続を履行する（第三七四条ノ四、第一〇〇条）。

株主総会の承認決議の日から二週間以内に債権者に対し、分割に異議あれば申し述べるよう官報に公告し、かつ、会社が承知している債権者には各別に通知し、異議のある債権者には弁済又は相当の担保を供する等の措置をとらなければならない。

（h）新設会社の発行株式を分割会社の株主に割当てる人的分割の場合は、法定事項を公告し、分割後株主名簿上の株主及び質権者に割当てられる株式の種類、数を通知する（第三七四条の七）。

（i）新設分割の登記をする（第三七四条ノ八、第一八八条）。

分割後本店の所在地では二週間以内、支店所在地では三週間以内に、分割会社は変更の登記、新設会社は設立登記をする。分割会社の従来の登記事項に変更がなくても、分割会社は新設会社の商号、本店ならびに分割した旨の登記をする（商業登記法八九条の四）。

（j）前記債権者手続の経過等法定事項を記載した書面を分割の日から六ヶ月間会社本店に備え置いて、株主、債権者その他利害関係人の閲覧等に供する（第三七四条ノ一一）。

（k）以上に対し、株主総会の決議を要しない等の「簡易新設分割」もあるが（第三七四条ノ六)、この手続によるのは新設会社の発行株式を分割会社に割り当てる場合で(物的分割)、承継させる財産の分割会社における帳簿価額の合計が最終の貸借対照表上の資産の合計額の二〇分の一を超えない場合に限られる。

② 吸収分割

(a) 分割会社と承継会社が交渉して分割契約書の作成に着手する(三七四条ノ一七、一項、二項)。分割契約書雛形(巻末資料)参照。

承継会社の資本は、承継する財産の価額より承継する債務額、分割会社又はその株主に支払う金額等を控除した限度で増加させることができる(第三七四ノ二一)。

分割契約の基本合意成立時点で、双方の会社において重要な業務執行につき取締役会承認決議を要する(第二六〇条二項)。

(b) 分割会社と承継会社の双方で、この分割契約の実現に向け、新設分割の場合とほぼ同様の手順により、分割契約書の内容確定につき取締役会承認決議(第二六〇条二項)、労働契約承継法所定手続の履行、分割契約書等法定書類の事前開示(第三七四条ノ一八)、株主総会の特別決議(第三七四条ノ一七、一項、四項、三四三条)、反対株主への対応(第三七四条ノ三一、三項、第三七四条ノ三)、債権者保護手続の履行(第三七四条ノ二〇)、人的分割をする場合の法定事項の公告、通知(第三七四条ノ三一、三項、第三七四条ノ七)、分割の経過を明かす法定事項記載書面の備え置き（第三七四条ノ三一、三項、第三七四条ノ一一）、分割の登記（第三七四条ノ二四、第三七四条ノ二五）等の手続を進める。

（c）承継会社は分割に際して新株の発行に代え自己株式を分割会社又はその株主に割当てることができる（第三七四条ノ一九）。

（d）承継会社の取締役と監査役で分割前に就職したものは、分割契約書に別段の定めがない限り、分割後最初に到来する決算期に関する定時株主総会の終結時に退任する（第三七四条ノ二七）。

承継会社（しばしば子会社）の役員人事に分割会社（しばしば親会社）側の意思を反映させるためである。

（e）吸収分割の場合も株主総会の決議等を要しない「簡易吸収分割」がある。それが認められるのは、分割会社では、物的分割をする場合で、承継させる財産の分割会社における帳簿価額の合計が最終の貸借対照表上の資産の合計額の二〇分の一を超えない場合であり（第三七四条ノ二二）、承継会社では人的分割、物的分割にかかわらず、原則として分割に際し発行する新株の総数が発行済株式総数の二〇分の一を超えない場合である（第三七四条ノ二三）。

(2) 次に、持株会社をつくる過程で共通する注意、検討事項について以下に述べる。

1　持株会社の定款に記載されるべき「目的」について

会社は定款に本業の「目的」を明記しなければならず（第六三条一号、第一四八条、第一六六条一項一号）、これは登記事項である（第六四条一項一号、第一四九条、第一八八条二項一号）。有限会社の場合も同様に規定されている。

では持株会社の場合、どのように記載すべきであろうか。

事業兼営持株会社の場合なら、主たる事業が他にあり、その関連の一事業部門を分社化した子会社の株式を保有してこれを支配するのであるから、本来の事業目的を列挙した最後に通常記載されている「前各号に付帯する一切の事業」に含まれるとみてよく、特に問題は生じない。

しかし、純粋持株会社の場合、会社自体が一般の事業活動をするのではなく、一般の事業活動に専念する子会社の大部分の株式を所有することを手段としてその子会社を支配し、そこから収益を得ることを目的とするものであるから、定款の目的欄にこの活動実態をいかに記載すべきかが問題となる。

ちなみに戦争末期頃の旧財閥の定款にある目的は

（一）株式会社三菱本社の場合

1　本会社は分系会社の統理助長並に関係事業の育成を図る為、左の事業を営むを以て目的とす。

1　諸事業の計画並に投資及融資

2　有価証券及不動産の保有並に利用

（二）株式会社三井本社の場合

当会社は三井関係会社の統理指導並びに関係事業の整理助長を図る為左の事業を行うを以て目的とす。

1　新事業の育成並びに投資及融資

2　有価証券及不動産の保有並びに利用

3　前各号に附帯する事業

4　前各号に附帯する調査、研究並に企画

であった（鞠子公男著『持株会社』から転載）。

いかにも財閥に似つかわしい時代がかった「目的」であって、今日の持株会社の「目的」としてはふさわしくない。この問題は、現行商法における目的の意義から考える必要がある。会社の「目的」が定款に記載され、登記されることによって会社の事業活動の範囲が内外に明示されることは、まず会社の同一化、個別化に機能する。この意味で、明確性、具体性が要求される。

また、株主にとって、いかなる事業分野の会社に投資するのかは、利害にかかわる重要な事項である。持株会社の収益は子会社の事業活動による収益いかんにかかっているからである。

たとえば、自動車製造販売関係の子会社を傘下とする持株会社の株主となったのに、いつの間にかそれが先物取引関係の子会社をもつようになっては困惑する株主も出るであろう。

これらの点から見るならば、持株会社の定款には、その支配下に置く子会社の事業目的が明示されるべきである。しかし、その内容の明確性、具体性を子会社と同程度に求めることは、子会社の選択等持株会社の事業活動に制約を加えることになって好ましくない。

どの程度具体化すべきかは今後実務で十分検討されるであろうが、総務省統計局による「日本標準産業分類」のうち大分類を参考に、たとえば「建設業、不動産業の会社の株式を所有することによる、その会社の事業活動の指導育成」とすることも考えられるのではないだろうか。

巻末に先駆的な持株会社の定款の目的を例示したので参照されたい。

2 持株会社が他の事業を営むことについて

改正独禁法第九条で定められた持株会社とは、子会社の株式取得価額の合計額が会社の総資産額の五〇%を超える会社ということであって、事業活動の目的自体にはなんらの制限も設けていない。持株会社を設立するのは、多くの場合「戦略と事業の分離」による子会社の事業活動支配を目的とするのであるが、これと併せて他の事業活動を営むことは可能である。したがって、たとえば持株会社が大きなビルを保有し、これを子会社その他のテナントに賃貸して収益を得るような場合は、定款の目的欄に「不動産の賃貸、管理」などを加えることとなる。

3　子会社の商号と本店所在地について

持株会社をつくる方式のうち、まず子会社をつくり、そこに持株会社の資産を現物出資したり営業譲渡したりするやり方は、実際の事業活動を現状のまま続けながら、ただ法律上の経営主体が従来の会社から子会社に移るだけでスムーズに持株会社が実現する。その点で、きわめて現実的であるが、注意を要するのは、子会社は商号をどうするか、どこに設立するかである。

通常このような方式をとる場合、従来の会社の本店とほぼ同じ場所に本店を置くことになるであろう。しかし、同じ本店所在地に事業目的を同じくする類似商号の会社を設立することはできない。たとえば、総合工事業である「株式会社千代田建設」が子会社に現業事業をそっくり移管して持株会社となる場合、取引先に親しまれた商号をあまり変えたくないからといって「株式会社千代田建設工業」として同じ本店所在地で登記しようとしても類似商号の問題で認められないであろう。これが「株式会社千代田工務店」なら認められるであろうが、取引先には全然別会社と誤解されかねない。そこでこの場合、子会社をいったん別の市町村に設立することが考えられる（商法第一九条、商法中改正法律施行法第五条、商業登記法第二七条）。

たとえば本店が東京都千代田区内であった場合、子会社の本店をいったん中央区内に置くことにすれば、商号、事業目的とも従来の会社と同じであっても設立は可能である。こうして設立した子会社に現業の事業を移した上、従来の会社は定款変更により目的を持株会社に改め商号も変更した後、直ちに子会社の本店を従来の本店所在地に移せば、対外的には同一会社が事業を継続しているように見え取引先を混乱させることもないであろう。

4 現物出資について

現物出資とは金銭以外の財産をもって会社に出資することである。出資の現物は会社の資産に計上しうるものであれば何でもよく、動産、不動産、株式その他の有価証券、債権、無体財産権、暖簾《のれん》、営業の全部または一部でもよい。しかし、その現物を過大評価して出資者に不当に多くの株式を取得させることを防止するためなどの目的から、裁判所が選任した検査役による調査を要するなど厳格な手続を要し（商法第一六八条、第一七三条、第一八一条等）、それだけに金銭出資に比べ手間と時間のかかることを覚悟する必要がある。

10 役員の兼任

持株会社の役員が傘下子会社の役員を兼任できるか

(1) 商法、有限会社法による規制

1　株式会社をはじめとする会社の役員で兼任禁止規定があるのは株式会社と有限会社の監査役及び平成一三年一二月の商法改正で制度化された社外取締役である。

すなわち、株式会社の監査役は、会社又は子会社の取締役や支配人その他の使用人を兼ねることができないと規定されている（商法二七六条）。この規定は有限会社の監査役に準用される（有限会社法第三四条）。ここでいう支配人は商法第三八条に規定される、会社を代理して営業に関しては一切の裁判上・裁判外の行為をなすことのできる権限を有する者のことで、登記を要する（商法第四〇条）。一般の会社では支店長などの名称で呼ばれる場合が多いのであろう。なお、取引における善意の相手方を保護するため、支配人でなくとも支店長、本店営業部長など本店や支店の営業の主任者のごとき名称を付した使用人は裁判上の行為を除き支配人とみなされる（第四二条）。またここでいう使用人とは会社の従業員のことであり、経理や営業関係に限らず技術、一般事務の関係も含む。監査役は取締役の日常の業務執行を監督する地位にあるから、右のように兼任が禁止されているのである。

しかし、一人で複数の別の子会社の監査役や使用人を兼ねることは可能である。また持株会社（親会社）の監査役が子会社の監査役を兼ねることも、親会社の取締役や使用人が子会社の監査役を兼ねることも可能である。

なお、株式会社の監査等に関する商法の特例に関する法律（略して「商特法」という）は資本金五億円以上など一定規模の株式会社につき、商法上の監査役のみならず、会計監査人による監査を必要としているが（商特法第二条）、会社の子会社からあるいは会社の取締役や監査役から公認会計士等の業務以外の業務により継続的な報酬を受けている者とその配偶者は、会社の会計監査人となれないとされている（商特法第四条二項二号）。たとえば子会社の監査役が子会社から継続的に監査役報酬を受けていれば親会社の監査役にはなれても、親会社の会計監査人にはなれないこととなる。

2

社外取締役は、企業経営に意見を述べ、社長、専務、常務といった業務執行役員を監督する役割を担って社外から登用され、特定の業務を担当しない取締役である。実務界では以前から存在していたが、商法上はこれまで取締役に社外、社内の区別なく、責任の程度も含めてすべて一律に扱われていた。

しかしコーポレートガバナンスの視点から客観的に業務執行の当否を検討できる社外取締役の役割が重視され、平成一三年一二月の商法改正により、新制度として導入されたのである。今回の改正は、担当役員の業務執行監視役としての社外取締役の存在を法律上明確にするとともに、その責任に関しては、取締役会の構成員として業務執行の意思決定には参加するものの、業務執行には直接携わらないことから、他の取締役より軽くすることができることとした（この責任に関しては別項「**25　持株会社の取締役**」(6)参照）。

改正商法による社外取締役とは、その会社の業務を執行しない取締役で、過去にその会社又は子会社の業務執行取締役又は支配人その他の使用人となったことがなく、かつ、既に子会社の業務執行取締役でもその会社、若しくは子会社の支配人、その他の使用人でもないものであり、登記事項である（第一八八条二項七号ノ二）。監視機能を十全ならしめるため過去に遡って業務執行には携わっていないことが求められている。この点で長年会社で働いた従業員の中から役員に登用されたが、業務担当取締役までにはなっていない、いわゆる平取締役は、商法上任務、権限は同じでも社外取締役ではない。

右の社外取締役となれる要件さえ満たしていれば、親会社と子会社の社外取締役を兼任することは可能である。

3　株式会社と有限会社の取締役（株式会社の社外取締役を除く。以下同じ）や合名会社等の社員については兼任を規制されていない。

したがって取締役（社員も。以下同じ）であれば親会社と子会社の役員を兼任することもできる。また、親会社、子会社間、複数の子会社間で使用人兼務取締役となることも可能である。この場合、取締役であればそれぞれの会社から、その株主総会の承認を得て役員報酬を得ることもできる。

このことは、親会社にとってみると、株式所有のみならず、親会社の取締役を子会社の役員や管理職に就かせることで子会社支配の実効を一層高めることができて有利である。

もっとも、複数の会社の取締役を兼任する場合、別項（「**25　持株会社の取締役**」）で指摘するとおり、取締役にはそれぞれの会社に対する善良なる管理者の注意義務（商法第二五四条三項、民法第六四四条）、忠実義務（商法第二五四条ノ三）がある。さらに取締役は、競業取引（商法第二六四条）、会社・取締役間取引（第二六五条）、取締役の報酬（第二六九条）など会社との利害関係を調整する規定に従う義務がある。このため、親会社・子会社とも全体としては一つの事業収益目的のため活動していても、個々の案件に関しては、一方の会社に対する義務の履行が他方の会社にとって不都合となる場合が生じないとも限らない。その場合、親会社と子会社の兼任役員としては、親会社の意思決定どおりに子会社の事業活動を進めることが任務を全うする基本であるから、二律背反に陥ることはないかもしれないが、子会社に親会社以外の株主があった場合、その株主からみると子会社に対して損害を与える行為として、代表訴訟提起など責任を追及されることはありえよう。

(2) 独占禁止法による規制

会社をめぐる株主、役員、債権者らの利害の調整という商法的観点とは別に、独占禁止法第一三条は、市場の独占禁止、公正取引確保の観点から複数会社間の役員または従業員の兼任について制限をしている。すなわち、

1　ある会社の役員や従業員が他の会社の役員の地位を兼ねることにより一定の取引分野におけ

る競争を実質的に制限することとなる場合は、その役員の地位を兼ねてはならない（同条一項）。

2　会社は、不公正な取引方法により、国内で競争関係にある他の会社に対し、自社の役員がその会社の役員や従業員を兼ね、あるいは自社の従業員がその会社の役員を兼ねることを認めるよう強制してはならない（同条二項）。

独占禁止法で使われる役員、競争、不公正な取引方法等の用語の意味は同法第二条に列挙されて詳しく定義付けされている。ここで特に注意すべきは、「役員」とは商法、有限会社法で一般に使われる取締役、監査役、無限責任社員などより広く、支配人や本店、支店の営業の主任者も含むことである（第二条三項）。

以上のうち、二項については、親会社・子会社間あるいは子会社相互間で適用されることはないであろう。しかし、持株会社がある取引分野における複数の会社を子会社として傘下に収め、その業界における競争を実質的に制限するに至るような場合は、一項が適用されることになろう。

このような独占禁止法上の役員兼任制限規定にも十分注意すべきである。

11　会社分割等の抜殻方式による創設の税務

創設にあたり、税務上どのような点に留意すべきか

平成一二年の会社分割に関する商法規定の創設に伴い、事業移転による持株会社創設の方法としては次のような方法がある。これらの方法は従来抜殻方式と呼ばれていたものである。

① 会社分割（分割型分割・分社型分割共に）による設立
② 現物出資による設立
③ 事後設立による設立

また税法上、平成一三年四月より、合併・会社分割・現物出資・事後設立を企業組織再編税制として統一して規定されることとなった。そこで、以下では、事業移転を行い持株会社となる法人の課税上の取扱いについて整理する。

(1) 資産の譲渡損益課税

イ　原則として時価で譲渡があったものとされる（「非適格組織再編成」という）。一方、特例として、組織再編により資産を移転する前後で経済実体に実質的な変更はないと考えられる場合に

		原則 （非適格組織再編）	特例 （適格組織再編）
会社分割	分割型分割 （人的分割）	資産・負債の 時価譲渡	資産・負債の 簿価引継ぎ
	分社型分割 （物的分割）	同　上	資産・負債の 簿価譲渡
現物出資		同　上	同　上
事後設立		同　上	資産・負債の 時価譲渡 ＋ 取得株式の簿価 修正損益

は、課税関係を継続するとの観点から、移転資産の対価として金銭等の交付がない場合で一定の要件を満たす場合には、簿価による譲渡を認め、結果、移転資産の譲渡損益の計上を繰り延べることとした（「適格組織再編成」という）。

なお、改正に伴い、従来の特定の現物出資における圧縮記帳制度は廃止された。

ロ　適格組織再編成とは何か

(2) 営業権の認定課税

適格組織再編成に該当する場合には、簿価による譲渡があったものとされるところから、新たに営業権認定の問題は生じない。

しかし、非適格組織再編に該当した場合には、それが単なる資産（負債）の移転ではなく、事業体そのものの移転を伴うものであれば、営業権の認定課税の問題が生じる可

税制適格組織再編

区分		要件(すべて満たす必要あり)
企業グループ内の組織再編成	株式の全部(100%)保有のケース	組織再編後も左の所有関係が継続すると見込まれること。
	株式の50%超100%未満保有のケース	・組織再編後も左の所有関係が継続すると見込まれること。 ・分割事業等に係る主要な資産・負債が移転していること。 ・分割法人等の組織再編の直前の分割事業等に係る従業者のうち，その総数の概ね80%以上に相当する数の者が分割承継法人等の業務に従事することが見込まれていること。 ・分割承継法人等において，分割法人等の分割事業等が引き続き営まれることが見込まれていること。
共同事業を行うための組織再編成 (※)　共同事業とは A：分割法人等において営まれている分割事業等と分割承継法人等において営まれている分割承継事業等とが相互に関連するものであること。 かつ B：分割事業等と分割承継事業のそれぞれの売上金額，従業員の数，もしくはこれらに準ずるものの規模の割合が概ね5倍を超えないこと。 又は 分割法人等の役員等のいずれかと分割承継法人等の特定役員のいずれかとが，組織再編後に分割承継法人等の特定役員となることが見込まれていること。		・分割事業等に係る主要な資産・負債が移転していること。 ・分割法人等の組織再編の直前の分割事業等に係る従業者のうち，その総数の概ね80%以上に相当する数の者が分割承継法人等の業務に従事することが見込まれていること。 ・分割承継法人等において，分割法人等の分割事業等が引き続き営まれることが見込まれていること。 分割型分割のケース ・<分割法人等の株主が50人未満の場合に限って必要> 分割法人の議決権ある株式を80%以上保有する株主が交付を受けた合併・分割承継法人の議決権ある株式を継続して保有することが見込まれること。 分社型分割・現物出資のケース 分割・現物出資法人が分割承継・被現物出資法人の株式の全部を継続して保有することが見込まれること。

能性がある。

ただ、営業権の評価については相続税財産評価基本通達に規定があるだけで法人税法上は明文規定が存在しない。

(3) 消費税

商法上の会社分割は、税制適格、非適格を問わず、消費税法上、資産の譲渡に該当せず、消費税の課税対象外取引である。

一方、現物出資については、消費税法上も資産の譲渡等に該当するため消費税が課される。

この場合、課税標準となる金額は、その出資により取得する株式の取得の時における価額（時価）に相当する金額とされている。現物出資資産の中に課税資産と非課税資産の両方が含まれている時は、取得した株式の時価を両者の時価の比で按分して課税標準を算定する。

また、事後設立の場合は、現実に対価として収受し、または収受すべき金額が対価の額とされ、現物出資の場合と異なっているので注意が必要である。

なお、「納税義務の免除の特例（消費税法一二条）」については改組され、新たな企業組織再編に対応した規定に改められている。

(4) その他の諸税

a　登録免許税

会社分割に基づいて行われる会社設立、増資等、及び不動産の移転に伴うものについては軽減が図られている。

b　不動産取得税

一定の要件を満たす会社分割による不動産取得については、現物出資（事後設立も含む）と同様、非課税とされている。

12　株式交換・移転による創設の税務

非課税となるための税務上の留意点は何か

税法上、交換も譲渡の一形態と考えられており、株式の交換に伴って生じる譲渡益に対しては原則として課税される。ところが、平成一一年八月の商法改正で認められた株式交換・移転に伴う税法改正により、一定の要件を満たすことを条件に完全子会社となる会社の株主の譲渡益に対する非課税措置が講じられた。

一　個人株主の課税関係

株式の譲渡はなかったものとみなされる。ただし、交付金銭等相当の利益については課税される。

$$\text{譲渡がなかったものとみなされる特定子会社株式の価額} = \text{特定子会社株式の価額（時価）} \times \frac{\text{新株の価額}}{\text{新株の価額} + \text{交付金銭等}}$$

(1)　非課税要件

① 特定親会社が付する特定子会社株式の受入価額が個人株主の「取得価額」以下であること。

イ　特定子会社の株主数が五〇人未満である場合

$$\text{取得価額} = \text{特定子会社の取得価額} + \underbrace{\text{交付金銭等} - \text{取得価額} \times \frac{\text{交付金銭等}}{\text{新株の価額} + \text{交付金銭等}}}_{\text{※交付金銭等に係る譲渡損益部分}}$$

※この部分についてはすでに課税対象とされているため。

ロ　特定子会社の株主数が五〇人以上である場合

$$\text{取得価額} = 1\text{株当たり簿価純資産} = \frac{\text{特定子会社の簿価純資産}}{\text{特定子会社の発行済株式数}}$$

② 新株の価額の交付割合が九五％以上であること

$$\frac{新株の価額}{新株の価額＋交付金銭等} \geqq 95\%$$

この要件は、交付のほとんどが新株割当てであることを意味する。

(2) 新株式の取得価額の計算

特定子会社株式に代わって交付された特定親会社株式の取得価額の計算については次のように規定されている。

$$新株の取得価額＝特定子会社の取得価額 \times \frac{新株の価額}{新株の価額＋交付金銭等}$$

つまり、交付金銭等に対応する原価相当は、譲渡課税がなされているところから、減額するということである。

二　法人株主の課税関係

交換等をされた特定子会社株式の「帳簿の価額」が、特定子会社株式の価額（時価）とみなされる。ただし、交付金銭等があった場合は、交付金銭等に係る損益を帳簿価額に加減算（利益は加算、損金は減算）した額（「直前の旧株の簿価」という）をもって特定子会社株式の価額（時価）とみなされる。

直前の旧株の簿価＝特定子会社の帳簿価額±交付金銭等に係る損益

このように、個人株主の場合と異なり、法人株主の場合は譲渡がなかったものとみなすのではなく、譲渡はあったが譲渡価額を簿価とみなすことによって個人株主同様実質的に課税をしないこととしている。

ただし、交付金銭等相当については利益があれば課税される点も個人株主の場合と同様である。

(1) 非課税要件

① 特定親会社が付する特定子会社株式の受入価額が直前の旧株の簿価以下であること。

イ　特定子会社の株主数が、五〇人未満である場合

直前の旧株の簿価＝特定子会社の帳簿価額±交付金銭等に係る損益

$$\text{交付金銭等} - \text{簿価} \times \frac{\text{交付金銭等}}{\text{新株の価額} + \text{交付金銭等}}$$

※交付金銭等に係る損益はすでに課税対象とされているため調整されている。

ロ　特定子会社の株主数が、五〇人以上である場合

$$直前の旧株の簿価＝1株当たり簿価純資産＝\frac{特定子会社の簿価純資産}{特定子会社の発行済株式数}$$

② 新株の価額の交付割合が九五％以上であること

$$\frac{新株の価額}{新株の価額＋交付金銭等} \geq 95\%$$

この要件は、交付のほとんどが新株割当てであることを意味する。

(2) 新株式の取得価額の計算

特定子会社株式に代わって交付された特定親会社株式の取得価額の計算は次のように規定されている。

$$新株の取得価額＝\underbrace{特定子会社株式の簿価±交付金銭等に係る損益}_{直前の旧株の簿価}－\overbrace{交付金銭等}^{交付金銭等の簿価（原価）}$$

税法の規定を忠実に算式化すると以上のようになる。しかし、この算式も一見複雑そうに見えるが、つまり従前の特定子会社株式の簿価から交付金銭等に対応する簿価（原価）が減額されるということである。なぜなら、交付金銭等の部分は譲渡が実現し課税されているためである。結果、先の個人株

〔計算例〕

1　交付金銭等に係る利益がある場合

特定子会社株式の簿価　　　新株割当てと交付金銭等

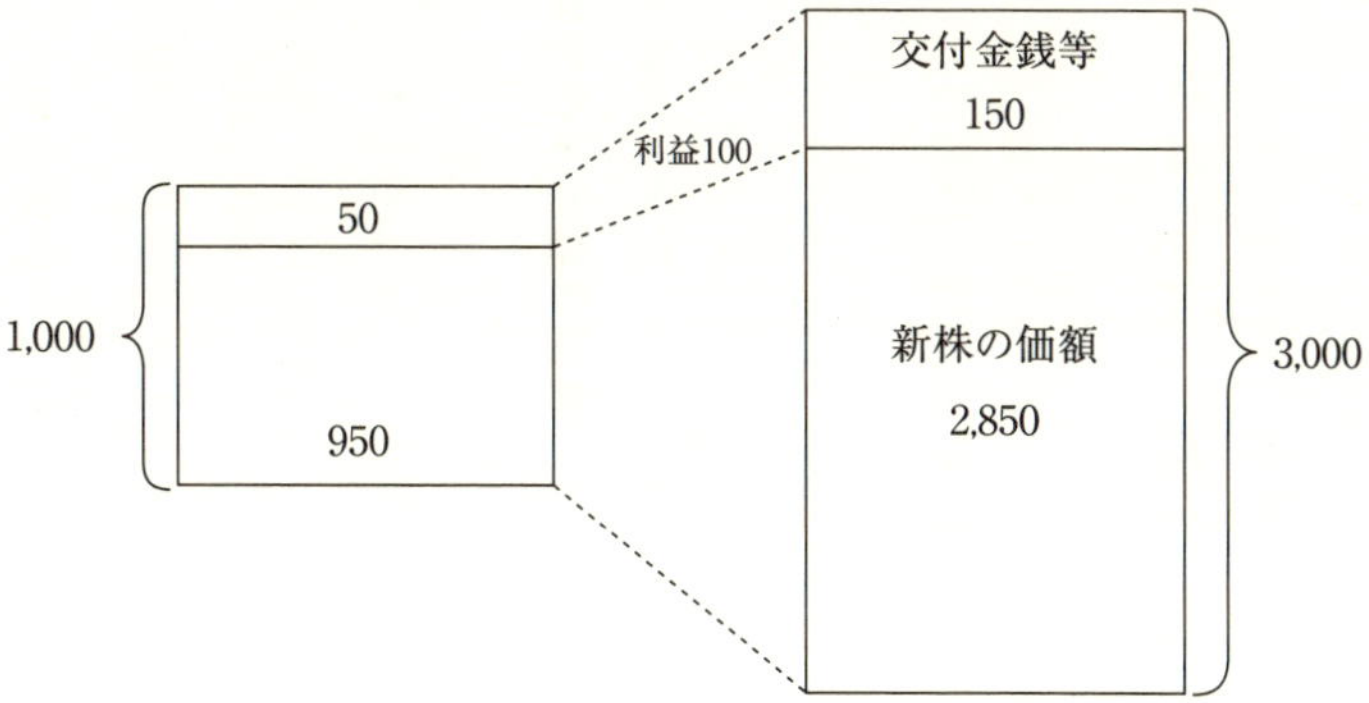

仕訳

(1)	新株式(特定親会社)	2,850	旧株式(特定子会社)	1,000	新株対応分㊪ 950 / 交付金銭対応分㊫ 50
	現金(交付金銭等)	150	譲渡益	2,000	㊪1,900 / ㊫100
(2)	譲渡益	1,900	新株式	1,900	

⇩

新株式	950	旧株式	1,000
現　金	150	譲渡益	100

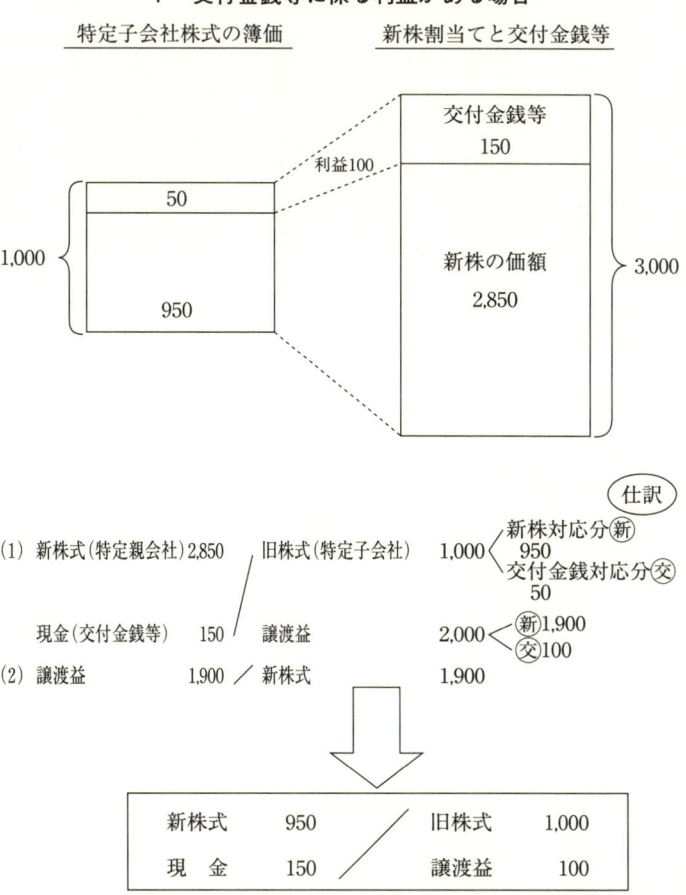

2　交付金銭等に係る損失がある場合

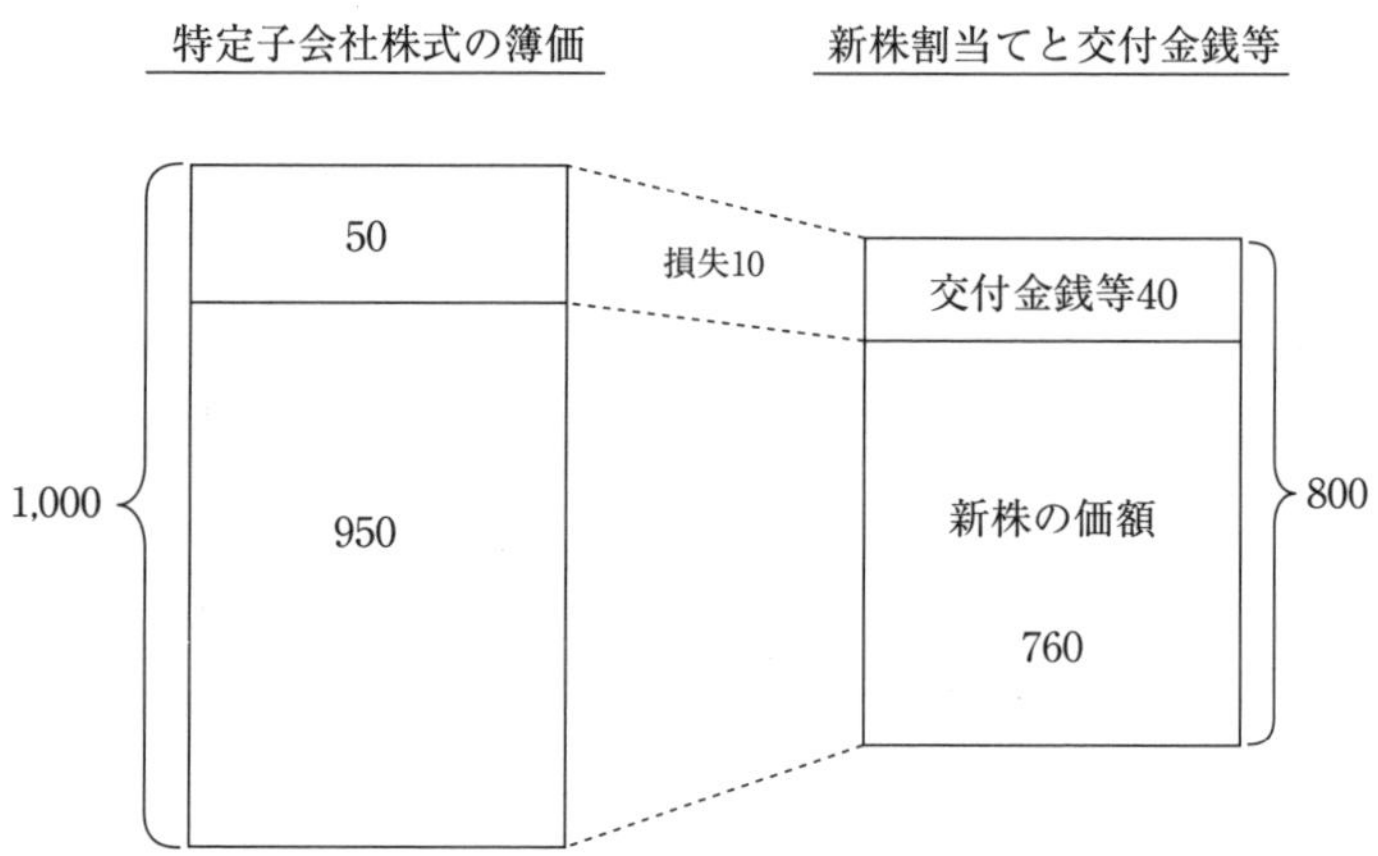

(1) 新株式	760	旧株式	1,000	仕訳
現金	40			
譲渡損 200 ─ 新	190			
└ 交	10			
(2) 新株式	190	譲渡損	190	

⇩

新株式	950	旧株式	1,000
現　金	40		
譲渡損	10		

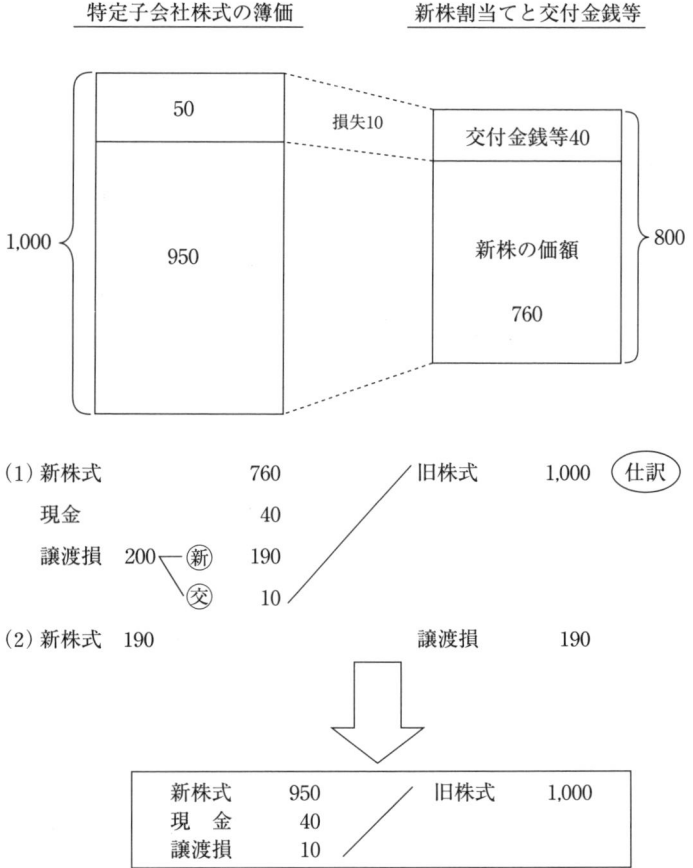

主の場合と同様となる。

以上を計算例と税務仕訳で示せば次のようになる。

以上のほか、自己株式の移転や株式移転に伴う並列子会社などについても非課税措置が講じられている。なお、消費税については、有価証券の譲渡は非課税となっている。

第四章　企業グループ経営

第一節　企業グループ経営の実践

13 経営者

経営者の役割は何か

持株会社の経営者になったら、やる仕事がなくなって暇をもてあそぶのではないかと懸念されている経営者もおられるのではなかろうか。持株会社における経営者の役割には、大きく分けて対内的役割と対外的役割の二つがある。第一の対内的役割とは、一言で言えば、持株会社の果たすべき業務の遂行である。では、持株会社の果たすべき役割とは何か。それは、傘下のグループ企業に対し、吸引力とも言うべきリーダーシップを発揮し、グループ全体の活力と調和のとれたグループ運営を担うことにある。そのためには、第一章で述べたような経営理念・経営哲学のもと、各種業務を遂行することが重要である。第二の対外的役割としては、持株会社を中核としたグループを代表しての、外部の利害関係者との調整機能がある。

(1) 対内的役割

① グループ全体の事業戦略機能

これは、現在、大企業における経営者はすでに行っていることであろう。しかし、現在の事業兼営持株会社の運営のもとにおいては、どうしても本業の事業経営が中心となり、グループ全体の事業戦略に専念するというわけにはいかないのが現実ではないだろうか。新規の事業分野への進出にしても、本業の経営に引きずられながらその戦略を練ることなど土台無理な話である。ましてや、他企業との合併や買収による新規事業への進出を図る場合には経営者のそこに注がれるエネルギーたるや、精神的にも、肉体的にも大変なものがあるはずである。場合によっては、この決断が企業グループの将来の盛衰をも決めかねないのである。

② グループ全体の資金調達・運用機能

持株会社のもとでのグループ各社は、従来の事業兼営持株会社における子会社と違い、独自で経営主体となることが期待されている。その意味では、資金の調達・運用もすべて子会社独自で遂行することが考えられる。しかし、グループ全体の事業戦略を考えた時、経営資源配分の効率性などの観点から、持株会社がこれを行った方が有効な場合もあろう。特に新規事業を立ち上げるための経営資源の配分などは、持株会社が行う以外に方法はない。

③ グループ全体の経営企画・管理と監督機能

グループ全体の調和を視野に入れた経営企画の策定は、持株会社をあずかる経営者の重要な役割の一つである。グループ全体の戦略企画を実現するために事業計画を作成し、計画と実績との対比等の比較分析やROE（株主資本利益率）などの経営分析を行うなど計数による業績管理を行う。と同時に、各子会社の財政状態、資金繰り状況などにも常に目を配り、チェック機能を発揮することも重要である。また、一連の企業不祥事に見られるような海外子会社での不正問題に対する監視機能の強化は、ビジネスのグローバル化に伴い、今後特に重要な問題となってくるであろう。この種の不正が発覚するとその不正金額の大きさに驚かされるだけでなく、やがて持株会社をあずかる経営者の責任問題へと発展していくことになるだろう。

④ グループ全体の一体感の醸成

持株会社を中核としたグループ経営を維持・発展させていく鍵となるのは、グループ各社の人材であることは言うまでもない。そのため、役員を含むグループ企業の人材育成は、持株会社の経営者にとっても非常に重要な役割となってくる。また、持株会社経営においては、どうしても俗に「同じ釜めのために、グループの一体感を生む「同じ釜の飯を食う」という連帯感が欠如しがちとなるおそれがある。そこで、グループの一体感を生むための役割は、これまた持株会社の経営者が担う役割の一つではなかろうか。たとえば、グループ会社の社長で構成する「社長会」のようなものを結成したり、グループ企業間における人事交流を持株会社が音頭をとって推進したり、CI（コーポレイト・アイデンティティ）などいろいろな工夫が必要となってくる。もっとも、持株会社の経営者自身がグループから蚊帳の外におかれないよう注意する必要があるかもしれない。

(2) 対外的役割

持株会社は、対外的にはグループを代表する会社として位置づけられる。したがって、グループ企業を代表する対外活動として、業界や財界等の活動があろう。もっとも業界活動と言っても、傘下に多くの異業種をかかえることもあり、従来より関係する業界の範囲が大幅に増えることも考えられる。また、グループ企業を取り巻く対外的利害関係者との調整を図ることも役割の一つとなる。その中にはもちろん、株主との調整も含まれることになる。

14 経営スタッフ

経営スタッフをどのように組織編成するか

純粋持株会社（親会社）と傘下の事業子会社は企業グループを形成することになる。事業子会社はそれぞれが担う事業を推進し、親会社は企業グループ全体の戦略の発動と統括を行うことになる。親会社に残るのは基本的には企業グループの経営者と経営者を補佐する戦略スタッフのみである。製造、営業などのライン部門は各事業子会社に配置される。総務、経理、情報システムなどのスタッフ部門については次のような組織編成が考えられる。

① 事業子会社にスタッフ部門を配置……事業子会社は事業運営に必要な経営機能をすべて内包した組織編成とする。この場合、親会社は、戦略スタッフしか残らない本格的な純粋持株会社となる。事業子会社のスタッフが各社の事業推進上の実務的なスタッフ業務を担うのに対し、親会社の戦略スタッフはトップ・マネジメントのグループ・レベルの戦略的経営意思決定と戦略発動をサポートする。

② スタッフ業務専門会社の設立……純粋持株会社傘下に専門的なスタッフ業務を事業として行う事業子会社を設立する。たとえば、情報システム会社、ロジスティックス（倉庫管理・配送など

の物流）会社、経理・総務代行会社などである。他の事業子会社はこれらの専門会社にスタッフ機能の業務委託を行う（シェアド・サービス）。同時にこれらの専門会社はグループ外部からの業務受注にも努めて事業拡大を図る。

③　アウトソーシング……「アウトソーシング（Outsourcing）」とは経営資源を外部調達することである。欧米では、自社の「コアコンピタンス（Core Competence）＝強みの中核となる企業力」を発揮するために必要なビジネス・プロセスに経営資源を集中投入し、その他のビジネス・プロセスはアウトソーシングするという経営手法が広く利用されている。わが国でも持株会社経営への移行を機に、経営資源を投入すべきビジネス・プロセスの選択と集中を行い、社内の人材で業務を行うことが不効率な業務は外部の専門会社にアウトソーシングすることが考えられる。具体的には、高度な専門知識と経験に裏づけられた組織的業務遂行力が要求される情報システム開発・運営、海外事業管理、業務監査などのアウトソーシングが考えられる。

④　親会社本体にスタッフ部門を配置する……前述の①、②、③、はいずれも親会社にはライン部門同様、スタッフ部門も配置しない組織編成である。親会社には経営者をサポートする戦略スタッフしか残らない。しかし、このような本格的な純粋持株会社の経営スタイルが自社の経営風土になじまない場合は、管理部門など経営中枢機能と直結したスタッフ部門は親会社に配置することが考えられる。その場合には、親会社本社部門の出先機関が事業子会社に配置されることにな

る。これは、事業部制、事業兼営持株会社などわが国の従来の組織形態で広くみられる経営スタイルである。ただし、この方式では「小さな本社」を実現することはできない。また、本社部門と事業子会社におけるその出先機関との業務分担を明確にする必要がある。そうしないと業務が重複し、持株会社経営によって経営効率がかえって悪化してしまうことにもなりかねない。

⑤　組合せ方式……以上の方式の組合せで経営スタッフの組織編成を行う。

以上みてきたとおり経営スタッフの組織編成にはさまざまな方法がある。経営戦略、経営風土に照らして自社に最適な方法を選択し、組み立てることが重要である。選択のポイントは、グループ全体で業務を効率的に推進することである、その際、各社間の人事交流など、人材の育成とグループ一体性の維持に必要な中長期的な諸施策も併せて検討することが望ましい。

15　事業計画

持株会社はどのような事業計画をつくるべきか

(1)　持株会社の機能と事業計画の位置づけ

持株会社の業務のうち、重要なものの一つに、グループ全体の経営企画の策定がある。事業計画はこの経営企画の中に位置づけられる。

経営企画の業務を一言で言えばグループ企業の明日を考え、その将来のための構想の策定とその構想の実現を図ることである。この経営企画という仕事を欠いた場合、グループ企業にとって羅針盤をもたない船と同じ状態となり、グループ企業間にその事業の収益性や成長性、潜在力に応じた経営資源の適切な配分を行えなくなる可能性がある。したがって、持株会社の事業計画は、グループ企業全体をめぐる経営環境の変化に企業グループが適応するために必要不可欠な羅針盤機能と言える。

(2) 事業計画の意義

(1)のように経営企画の仕事を行う上で欠かせないのが事業計画である。言葉を換えて言えば事業計画という道具を使って(1)のような機能を発揮するのである。事業計画の中でグループ企業全体としての長期的な経営方針、戦略を明確化し、事業計画のフォローという形でその実現を図ってゆく。その意味で、事業計画を単なる数字合わせの利益計画やグループ各社からの予算数字の合計表に終わらせてはならない。このような性格のはっきりしない事業計画や目的の明確でない計画が現実にはよく見受けられる。

したがってこのような計画をつくるには当然に手間も時間もかかる。中途半端な計画では効果はない。また策定するための企画スタッフなど経営企画の人材、組織も充実しなければならないことは言うまでもない。

(3) 基本戦略と基本シナリオの明確化

事業計画の作成目的が中長期的な事業環境の予測とその環境への適応にある以上、企業グループをめぐる将来の事業環境の予測と、その環境への適応のための基本戦略、さらにそれを実現するためのグループ経営のシナリオ（戦略実現のためのプロセス、ストーリー）を策定することは極めて大切なことである。この部分こそがグループ企業をリードする事業計画の要となるため、作成にはあらゆる角度からの十分な検討が必要とされ、事業計画が過去や現在の環境に依存した現状延長型で目先の業績重視だけの計画になってはならない。

(4) 分権と集権のバランスが大切

持株会社によるグループ経営の難しさは、権限の分散（分権）と集中（集権）のバランスにあるといえる。つまり、あまりに子会社の経営に干渉しすぎると子会社のやる気をそぐことになる。逆に、経営面での指導を怠れば各社が勝手な方向に走りだしてしまい、グループの総合力の発揮は難しくなってしまう。事業計画においてもこれと同じことが言える。したがって、グループ全体の基本方針を持株会社がリーダーシップを発揮して作成した後は、各会社の事業方針はできるだけ各社の独自性、自主性に任せる必要がある。一般に業績のよい会社は独立心が強くなり、逆に業績のよくない会社はグループへの依存心が強くなりがちとなる。このような中でいかに持株会社への求心力と持株会社からの独立心をうまくバランスさせるような事業計画づくりと運営を行うかが、経験とノウハウの蓄積の求められるところではないだろうか。

(5) グループ会社の業績管理の事前整備

グループ会社に対し事業計画でリーダーシップを発揮しようとする場合、子会社側に月次の業績をタイムリーに把握し、チェックする計数管理の仕組みができていなければ事業計画はうまく機能しない。なぜなら計数管理の弱い会社では事業計画で挙げた業績目標に対し、実績の集計、フォローが十分できないため、目標に実績を近づける行動が遅れたり業績目標達成意欲も低くなってしまうからである。

日常の月次決算、予算といった計数管理の甘い会社が中長期の業績向上努力をさせようとしても、小学生の管理レベルの会社に中学生の管理レベルの課題にチャレンジさせるようなものでとても無理なことといえる。

(6) 事業計画のフォロー

事業計画を作成したがどうも計画どおりうまく進まないという会社は非常に多くある。原因としては環境予測のミスや作成方法の甘さなど多くあるが、計画をつくり放しでフォローを疎かにしているということが間々見受けられる。最初から予測も完全、計画どおりの実施も完璧という計画はまずありえない。作成後のフォローを十分行うことで事業計画の浸透、定着化ができ、計画の進め方の誤りにも気付き、方向修正ができる。したがって事業計画を策定したら必ず定期的に子会社各社に進行状況を報告させフォローし、事業計画の方針どおり進んでいるか、進んでいない場合何がネックか、ネック解消のために施策や行動をタイムリーに起こしているか、などの検討が必要となる。

企業環境の激変している業界の多い中で事業計画を実現してゆくことはそう容易なことではない。しかし、環境変化に合わせタイムリーに計画も修正し、スピーディーな事業展開と経営改善を行ってゆくことが持株会社による計画経営のコツとも言える。

16 経営管理

企業グループの経営管理のすすめ方

純粋持株会社設立により企業グループを形成してからは、純粋持株会社の取締役会、経営会議を構成する経営者は企業グループ全体の経営管理を行うことになる。

(1) 報告・承認体制の整備

まず、関係会社管理規程を制定し、子会社の経営活動について、①親会社の承認を必要とする事項と、②親会社に報告すべき事項を明示する。承認事項には、取締役の選任・解任、利益処分など、商法上の株主総会決議事項はすべて含まれる。さらに、中長期経営計画などグループ全体での調整が必要な事項も承認事項に含まれる。報告事項は、定期的な経営概況・財務報告が基本事項となる。海外

表 4-1　子会社の計数管理

管理項目	報告資料	管理手法
●業績の管理	●月次損益計算書	●営業部門別に予算・実績対比，前年実績対比等の比較分析，趨勢分析を行い，経営活動が順調に推移しているかモニターする。 ●ROE (Return on Equity＝株主資本利益率) などの経営指標を使って資本効率などの経営分析を行う。
●キャッシュ・フロー（資金繰り）の管理	●キャッシュ・フロー計算書（月次資金繰り表)	●キャッシュ・フロー（資金の動き）を①営業活動，②投資活動，③財務活動に分けて分析する。 ●特に，事業不振・破綻は早い段階からキャッシュ・フローに現れることから，キャッシュ・フローが悪化傾向にある会社は要注意会社としてマークする。
●財政状態の管理	●月次バランスシート	● ROEとともに，各資産の回転率，流動性分析などの経営分析を行い，財務健全性が維持されていることを確かめる。 ●為替予約その他バランスシートに計上されないデリバティブ金融商品についても残高内容を報告させ，含み損が生じないよう監視する。

に子会社をもつ場合には関係会社管理規程を英訳し、全子会社の役員、幹部職員に周知徹底する必要がある。

(2) 計数管理

日常の経営管理の中心は子会社の財務データに基づく計数管理である。各子会社に月次で経営・財務報告書を提出させて、内容分析を行い、必要に応じて各子会社に支援措置を講じたり、軌道修正などの指示を行う。計数管理は、①業績の管理、②キャッシュ・フロー（資金繰り）の管理、③財政状態の管理の三つの観点から行うと子会社の事業活動の全体像が掌握できる。子会社の経営実態をタイムリーに把握するために各子会社には月次で報告書を提出させることが望ましい。詳しくは表4-1参照。

表 4-2　財務諸表の構造

バランスシート
（貸借対照表）

資産	負債
	資本

損益計算書

売上高	100
コスト	△80
利益	20

キャッシュ・フロー計算書

● 営業活動によるキャッシュ・フロー	+30
● 投資活動によるキャッシュ・フロー	△40
● 財務活動によるキャッシュ・フロー	+20
キャッシュの純増加	+10

(3) 子会社の業績評価

子会社から提出された経営・財務報告書をもとに子会社の業績評価を行う。評価の頻度としては、年次あるいは半期ごと（中間、期末）となろう。評価システムがよく整備されていれば、各四半期、月次も可能である。

規模も業種も異なる子会社の業績指標としてはＲＯＥがもっとも優れている。ＲＯＥは自己資本利益率または株主資本利益率という。バランスシート（貸借対照表）は、資金の運用先である資産と、資金の調達元である資本、負債によって構成される（表4-2参照）。自己資本も株主資本もこのバランスシートの大分類の資本という意味である。なお、負債のことを他人資本といい、負債、資本を合わせて使用総資本という場合がある。

ＲＯＥはつぎの公式によって算出する。

$$\mathrm{ROE} = \frac{\text{純利益}}{\text{自己資本}}$$

この公式の分母、分子に売上高、総資産をかけると、つぎのように分解される。そうすると、ＲＯＥは他の重要な経営指標である売上高純利益率、総資産回転率及び自己資本比率によって構成されることがわかる。

$$\underset{(\mathrm{ROE})}{\frac{\text{純利益}}{\text{自己資本}}} = \underset{(\text{売上高純利益率})}{\frac{\text{純利益}}{\text{売上高}}} \times \underset{(\text{総資産回転率})}{\frac{\text{売上高}}{\text{総資産}}} \div \underset{(\text{自己資本比率})}{\frac{\text{自己資本}}{\text{総資産}}}$$

ＲＯＥを高めるためには、売上高純利益率と総資産回転率を高めることが目標となる。売上高純利益率を高めるためには、売上高総利益率（粗利率）、売上高経常利益率など損益計算書の各レベルの利益率の向上が課題となる。総資産回転率を高めるためには、売上債権回転率、在庫回転率など各種の資産効率の向上が課題となる。自己資本比率はＲＯＥと逆相関の関係にある。したがって事業を運営する資本が少ないほど、ＲＯＥは高まる。ただし、経営の安定性という意味では自己資本比率は高い方が望ましい。資本効率と経営の安定性のバランスをどう図るかが課題となる。

このような定量的な業績評価に加えて定性的な業績評価も行う必要がある。すなわち、社会的貢献など企業グループ全体のイメージ向上への寄与、新市場開拓、新技術開発など、ただちに数字には表れない企業グループへの貢献などである。

(4) 子会社の監査

わが国の監査には三通りの監査がある。①監査役による監査、②会計監査人による監査、および③内部監査である。これを「三様監査」という。

すべての株式会社は監査役を選任することが商法で義務づけられている。大会社（資本金五億円以上または負債二〇〇億円以上の株式会社）の場合、三人以上の監査役からなる監査役会を会社の機関として設置することが義務づけられている。さらに、大会社の場合、会計監査人（社外の公認会計士または監査法人）を選任することが義務づけられている。このように監査役と会計監査人は法律で規定されている監査人である。会計監査人は計算書類・財務諸表の適法性・適正性を確かめる会計監査を行い、監査役・監査役会は取締役の業務遂行状況の監査を中心とした業務監査を行う。第三の監査、内部監査は法律によって義務づけられた監査ではない。内部監査は経営者の指示に従い、各部門の業務遂行状況を監査する。通常、内部監査部門は代表取締役社長の直轄部門として設置される。これらの監査は親会社とともに子会社も対象にして行われる。

企業グループの経営管理にとって監査は重要な役割を担う。会計監査人は、親会社および各子会社の監査を行い、計算書類の適法性、財務諸表、連結財務諸表の適正性、および中間財務諸表の有用性について監査報告書を提出する。このことによって各財務書類の適正性などについて専門家の客観的な裏づけが得られる。また、公認会計士・監査法人は、通常、監査の過程で発見した内部統制上の問題点等を報告し、改善勧告を行う。監査役と内部監査部門は親会社、子会社の業務活動に主眼をおいた監査を行う。購買、製造、販売などの経営活動について企業グループの経営方針に従った業務が行われているか監査し、会計監査人同様、改善勧告を行う。各監査の勧告に従って業務改善をすすめれば管理体制はますます充実する。

わが国では、ともすると子会社の不祥事については親会社が責任を問われることはないとする風潮がある。しかし、欧米では、親会社の一部門であろうと、子会社であろうと、重大な問題を起こせば、親会社の経営者が責任を追及される。アメリカには、ＦＣＰＡ（Foreign Corrupt Practices Act：海外不正行為防止法）という法律があって、外国政府の役人への贈賄等の不正行為を行った場合、たとえ子会社による行為であってもアメリカの親会社の経営者が責任を追及される。このような経営責任のあり方は今やグローバル・スタンダードである。わが国の企業も企業グループを運営するに当たって経営者の責任をよく自覚する必要がある。経営者が頼りにするのが監査である。欧米企業は数十名ないし、それ以上の内部監査部門をもち、監査法人と連携させて全世界の子会社を監査させている。わが国でも平成一一年の商法改正によって監査役等の子会社監査権が強化された。企業グループの監査体制が法的には整備されたといえよう。いかに実効性のある監査体制を構築するかが、今後の課題である。監査に完璧性を期待することはできないが、監査がグループ運営の重要な統制機能であることは確かである。

17 連結経営

連結経営の時代における持株会社の役割は何か

会社は毎決算期に決算書を作成する。どのような決算書を作成するかということは商法と証券取引法が規定している。

(1) 商法の規定

商法はすべての株式会社に「計算書類」とその附属明細書を作成することを義務づけている（表4-3参照）。

表 4-3 決算書の種類

I. 商法

「計算書類」等……貸借対照表，損益計算書，利益処分案，営業報告書，附属明細書

II. 証券取引法

「財務諸表」……貸借対照表，損益計算書，キャッシュ・フロー計算書，利益処分計算書，附属明細表

「連結財務諸表」……連結貸借対照表，連結損益計算書，連結剰余金計算書，連結キャッシュ・フロー計算書，連結附属明細表

「中間財務諸表」……中間貸借対照表，中間損益計算書

「中間連結財務諸表」……中間連結貸借対照表，中間連結損益計算書，中間連結剰余金計算書，中間連結キャッシュ・フロー計算書

(2) 証券取引法の規定

上場会社、店頭公開会社、株主が五〇〇人以上いる会社等、投資家保護が必要な会社は証券取引法による規制を受ける。その規制により、これらの会社は毎決算期の定時株主総会終了後に有価証券報告書を大蔵省に提出する。

この有価証券報告書に「財務諸表」と「連結財務諸表」が含まれる。また、毎中間期には半期報告書を大蔵省に提出する。半期報告書には「中間財務諸表」を記載する。平成一二年度からは「中間連結財務諸表」の作成も義務づけられた（三月決算会社の場合、平成一二年九月中間決算より）（表4-3参照）。

(3) 商法と証券取引法の規定の差異

商法上の「計算書類」と証券取引法の「財務諸表」および「中間財務諸表」は会社の単体の決算書である。一方、証券取引法上の「連結財務諸表」と「中間連結財務諸表」は親会社の決算数値とともに子会社、関連会社の決算数値も取り込

んだ計算書である。平成一二年三月期からは連結財務諸表の一部として、平成一二年九月中間期からは中間連結財務諸表の一部として、連結キャッシュ・フロー計算書を作成することが義務づけられた。連結キャッシュ・フロー計算書は、連結企業グループ全体の期中の資金の動きを、①営業活動、②投資活動、及び③財務活動に区分して示す表である。なお、連結財務諸表を作成しない会社は、財務諸表の一部としてキャッシュ・フロー計算書を作成することが義務づけられている。

証券取引法で作成することが義務づけられている連結財務諸表、中間連結財務諸表を商法は要求していない。このことが財務情報のディスクロージャーに関する商法と証券取引法の最大の相違点である。もっとも、計算書類に含まれる営業報告書の「企業結合の経過と成果」という項目で連結売上高、連結純利益を開示することが望ましいとの報告書を日本公認会計士協会が発表しており、多くの会社がこれらの連結業績を営業報告書に記載している。さらに、株主に送る事業報告書に連結損益計算書、連結貸借対照表を記載する会社もふえている。

子会社は商法の規定では持株比率五〇%超の会社である。この決め方を持株基準という。従来は商法、証券取引法とも持株基準を採用していた。しかし、国際会計基準など連結決算の国際的潮流は、支配力基準といって経営支配権を及ぼしうる会社は連結決算の範囲に含めることを要求している。このような国際的な傾向をうけて、わが国も平成一二年三月期決算より連結財務諸表・中間連結財務諸表作成上、支配力基準を採用し、経営支配権を及ぼしうる会社は、商法上の子会社に該当しなくても、連結対象とされることになった。

さらに、連結財務諸表では持株比率二〇%以上の関連会社には原則として持分法を適用することが要求されている。持分法とは関連会社の利益を出資割合に応じて連結財務諸表に取り込む方法である。たとえば、関連会社の純利益が一億円で当社の出資割合が三〇%の場合、三〇〇〇万円を持分法による投資損益として当社の連結財務諸表に計上する。関連会社についても子会社同様、国際的潮流である支配力基準が採用され、平成一二年三月期決算より連結財務諸表・中間連結財務諸表作成上、役員人事等で重要な影響力を行使できる場合、持株比率が二〇%未満でも関連会社として持分法を適用しなければならなくなった。

(4) 連結がグローバル・スタンダード

わが国では、これまで財務諸表と言えば親会社単体の個別財務諸表(単独財務諸表とも言う)が主で連結財務諸表は従という位置づけであった。しかし、欧米、東南アジア等世界の国々では連結財務諸表が主で個別財務諸表は従という位置づけである。諸外国のように持株会社経営がごく普通に行われており、企業グループとして事業運営を行っている場合、企業グループの経営成績、財政状態は連結財務諸表によって明らかにされる。企業グループの運営も連結ベースで行われる。連結がグローバル・スタンダードである。わが国もディスクロージャー制度の抜本的改正が行われ、平成一二年三月期より、有価証券報告書上、連結財務諸表を主たる財務諸表として開示することとなった。

純粋持株会社の主たる収入は子会社からの配当収入である。したがって純粋持株会社の個別財務諸表では配当収入しか記載されず、子会社で展開している事業の全体像をつかむことはできない。連結財務諸表によってはじめて企業グループ全体の経営成績、財務状態及びキャッシュ・フローを知ることができる。さらに、連結は外部発表用だけに必要なものではない。持株会社本社は連結ベースで企業グループ全体を統括、運営することが求められる。持株会社本社の役割は連結経営である。

18 所有と経営の分離

所有と経営を分離させるのに持株会社はどのように利用できるか

(1) オーナー家と経営陣の対立

よくマスコミなどでおもしろおかしく伝えられるものに、いわゆる創業オーナー家と経営陣との対立がある。これも度が過ぎるとマスコミの餌食となるだけでなく、そこに働く従業員のみならず、取引先など多くの利害関係者に多大な迷惑を掛けることになる。極端な場合には、会社そのものの存続問題にも発展しかねないことにもなる。このようなトラブルは、創業者がなくなり、二代目として子息が事業を引き継いだあたりから生じることが多い。そして、創業オーナー家としては、株式所有の力、つまり資本の論理をかさに企業支配を続けようとし、これに対し、他の経営者たちは、この力による支配に何かと抵抗しようとして、ますます対立が激化していくのである。このような状況におかれた企業では、創業者のようなリーダーシップがとれる人は見当たらない。そこで何事につけても合議で決定される。こういうと、何やら体裁のいい民主主義のルールに従って公平な会社運営がなされているように聞こえるが、逆に裏を返せば、意思決定は遅く、会議はやるが会社の将来の方向性を決めるような大事なことは何一つ決まらないとも言えるのである。世の中が安定している時代ならいざ知らず、今日のように企業を取り巻く環境の変化の激しい時代においては、こんな悠長なことはやっていられないはずである。その時あわててももう手遅れである。皆さんの中にも、自分の会社によく似ていると思い当たる人も多いのではないだろうか。

ところで、資本の論理だけによる会社支配が錯覚であることはすでに述べたので繰り返さないが、その結末は世の中の多くの企業の歴史が示しているところである。このような権力闘争は、勝っても負けても後味が悪いものである。第一勝って喜んでいるようなレベルの者をトップにあずかる会社の前途は決して明るいとは言えない。

そこで、この対立に巻き込まれる個人のみならず、社会的にも大きなマイナスとなるこのようなトラブルの解決策として持株会社を利用できないものか、以下、検討してみたい。

(2) 持株会社による解決方法

① 現　状

この組織段階では株主である親族が同時に経営者である場合が多く、仮に経営者が親族以外の者であったとしても、親族株主の意向を配慮しないわけにはいかず、株主が経営に与える影響は大である。この段階では株主と経営者との意識の分離が行われにくい。株主だから当然に経営者だと思っていることが多い。

② 事業会社から事業を分離する

第一ステップとして、事業会社から各事業を分離する。

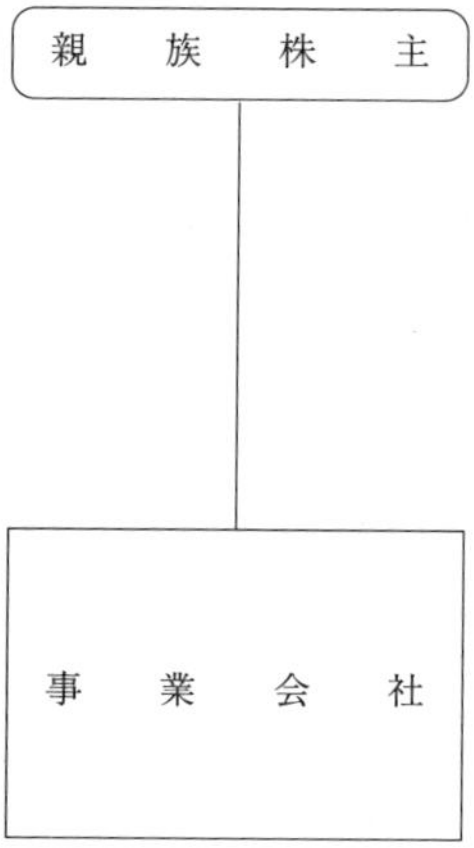

この段階では、従来の事業会社が単に持株会社に変身しただけで、各事業会社の経営は従来どおり親族株主の影響を強く受けることになる。この段階では実質的には先のケースと変わりない。そこで、この影響を排除するために次のステップに進む必要がある。

③ 新持株会社の設立

第二ステップとして、持株会社（旧、事業会社）の有する各事業会社の株式を現物出資して、もう一つ持株会社を新たに設立する。

このように、従来の持株会社と事業会社との間にワンクッションとして持株会社を入れるのである。これがやがて重要な意味をもってくる。

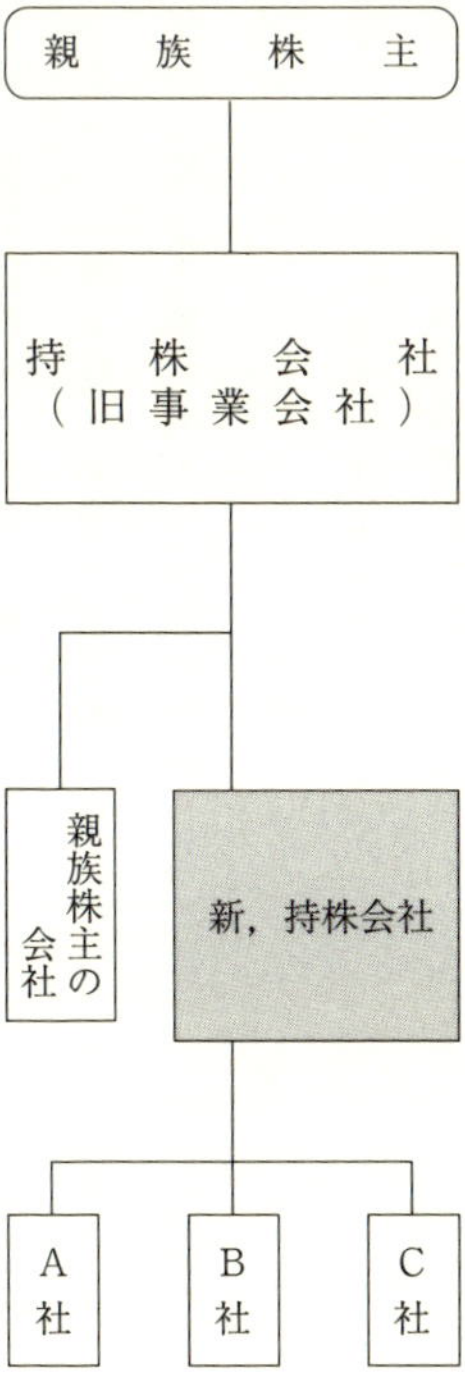

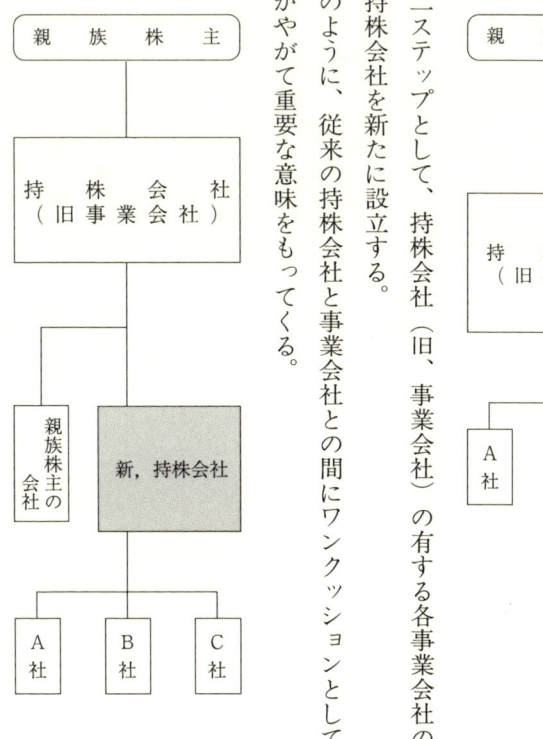

そして、この新たに設立した持株会社こそを真の意味での持株会社とするのである。組織だけつくっても、そこに魂を入れなければ絵に描いたもちとなってしまう。したがって、この新持株会社が、これまで述べてきたように、持株会社としての本来の役割を発揮できるかどうかが鍵となる。そして、この持株会社が本来の機能を発揮した時、グループ全体は、新持株会社の下に運営され、所有と経営は自ずと自然に分離されていく。やがて、親族株主は、経営者としてではなく、株主としての地位がより鮮明となってくる。新持株会社の経営者は、グループ全体の経営者として適任か否かの基準で判定される限り、親族株主の中から選任されようと、また、第三者から選任されようとかまわない。

また、選任された新持株会社の経営者にとって、親族株主も重要な利害関係者の一員である以上、グループの成果配分を含め親族株主との協調を図ることも重要な役割となることをゆめゆめ忘れてはならない。

また、親族株主がどうしても経営したい事業については、旧事業会社である持株会社の子会社として運営するようにしてはどうか。というのは、親族株主の会社の資本は旧事業会社で負担せざるをえないと思うからである。

19　M&Aと持株会社

持株会社がM&Aを加速するか

(1)　M&Aとは

M&AとはMerger & Acquisitionの略である。マージャーとは企業合併のことである。アクイジションとは企業買収のことである。

企業合併は法的手続の面から吸収合併と新設合併に分けられる。吸収合併は、合併する会社のうち一社が存続会社となって他社を吸収し、他社は解散して消滅するという手法である。新設合併は、新会社を設立し、この会社が合併する会社をすべて吸収し、合併前の会社は全て解散、消滅するという手法である。吸収合併の存続会社も、新設合併の新会社も、合併によって消滅する会社の権利・義務関係の一切を包括的に承継する。したがって、吸収合併と新設合併は合併にいたるプロセスが異なるだけで、合併の効果に差異はない。わが国の合併の実務では吸収合併が多い。ただし、吸収合併という言葉が使われることはまれで、合併比率のいかんに関わりなく、通常「対等合併」という言葉が使われる。これは、合併時に人の融和を何よりも重んじるわが国の経営風土に根ざすものといえよう。

企業買収は株式取得と営業譲受に分けられる。株式取得は買収対象会社の株主に対価を支払って株式を取得し、子会社化するものである。営業譲受は、相手企業に対価を支払ってその会社の営業財産の全部ないし一定部分を買い取るものである。相手企業の立場からは営業譲渡を行うことになる。このように株式取得と営業譲受とでは対価の支払う相手が異なる。また、企業合併の場合には先方の株主が合併会社の株主として入ってくるが、企業買収の場合には、株式取得と営業譲受とも株主構成は変わらない。

図 4-1　M＆Aの分類

広義：
- 狭義：
  - ・企業合併
    - 吸収合併
    - 新設合併
  - ・企業買収
    - 株式取得
    - 営業譲受
- ・資本参加，資本提携
- ・合弁事業
- ・業務提携

さらに、M&Aには、広い意味では資本参加、資本提携、合弁事業、業務提携も含まれる。当初、このような緩やかな提携関係からスタートして相互理解を深め、やがて本格的なM&Aである企業合併や企業買収にいたるケースもある（図4-1参照。資本参加、資本提携については、次項「**資本提携と持株会社の活用**」参照）。

(2)　M&Aを必要とする局面

M&Aは次のように経営のさまざまな局面で経営戦略実現の有効な手段として活用される。

（1）　事業成長の加速化——従来、わが国企業は人

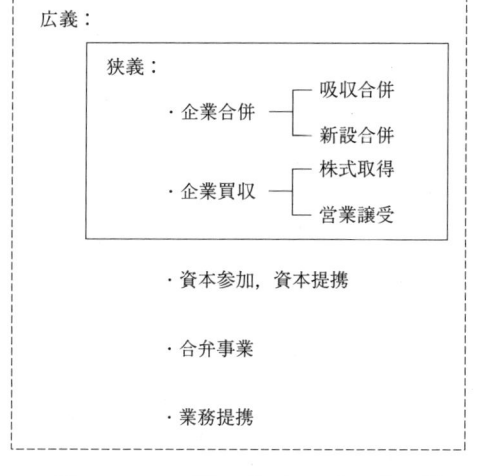

材育成からすべて自前で事業の成長、拡大を図る傾向が強かった。しかし、それでは成長のテンポが遅く、経営のスピードが要求される大競争の時代についていけないという認識が高まっている。企業の成長戦略を短期間に実現する手段としてM&Aが利用されることが多い。

(2) 海外進出、新市場進出――新たに進出する国、地域ですでに経営基盤をもっている企業を買収することはスピーディに本格進出を果たす有効な手段である。また、ゼロから自力で事業を立ち上げるよりもM&Aの方がコスト面で有利な場合がある。

(3) 事業多角化、拡充強化――自社事業の川上・川下事業分野、ないし周辺領域に進出して経営のシナジー効果(経営資源の結合による相乗効果)を図る際、社内で新規事業を立ち上げるよりもM&Aの方がより早く、より大きな規模で目的を実現できる局面がある。

(4) 事業承継対策――オーナー・カンパニーで、オーナー経営者が引退する際に適当な後継者がいない場合、有力な取引先、同業他社がM&Aを行うことがある。この場合、売手のオーナーは、創業者利潤の獲得とともに従業員の雇用の安定確保という株式公開と同様のメリットをうけられる。また、買手にも事業拡充、成長加速等のメリットがある。

(5) その他、規制緩和による業界構造変化の際の経営破綻会社の救済などにM&Aが利用される。

(3) 経営者が留意すべき点

M&Aは経営構造に変革をもたらす重要な戦略実行手段である。しかし、M&Aは実現まで特に慎重に機密保持を図らなければならないことから、稟議制度に象徴されるボトムアップ型の経営意思決定はなじまない。経営者がごく少数の戦略スタッフと経営コンサルタントにサポートされて意思決定を行うことが求められる。経営者がM&Aを決定する際の留意点はつぎのとおりである。

（1） 経営戦略との適合性

経営課題を解決するうえでM&Aが最もふさわしい手段か、自社の経営戦略に照らして慎重に検討する必要がある。わが国の企業の場合、「受け身のM&A」をよくみかける。取引先に頼まれたとか、誰かに紹介されたということを契機にしてM&Aに乗り出すというものである。こういう場合、単によい会社だからとか、条件がいいとかという理由だけでM&Aを行うべきではない。自社の経営戦略を実現するうえでこのM&Aが必要か、最適の選択肢かということをよく検討して意思決定を行う必要がある。特にクロスボーダーM&A（外国企業の買収）の場合には、相手の国の文化とビジネスをよく研究して相互理解できることがM&Aの前提となる。

（2） 周到な事前調査

M&Aは極めてリスクの高い経営行為である。M&Aの失敗は経営の命取りになりかねない。合併・買収後にこういうはずではなかった、ということがないように事前に相手先企業をよく調査する必要がある。

調査は、財務内容、設備、技術、人事、マーケティング、環境など、その案件にとって重要な経営活動の側面を中心に行う。どのM&Aでも財務内容の調査が重要な役割をになう。調査結果、財務内容が予想以上に悪いためにM&Aを断念したというケースも多い。この財務内容の調査は通常、公認会計士・監査法人が行う。デュー・デリジェンス・レビュー（Due Deligence Review）ないし買収監査といい、体系的な調査手法に基づいて調査が行われる。また、法律関係については弁護士に調査を依頼することが多い。

公認会計士などの専門家に調査を依頼しても、対象企業の経営実態が完全に把握できるわけではない。しかし、調査の結果、M&Aを断念するケースが多いことからも分かるように、専門家の調査によって経営意思決定にとって重要な情報がもたらされることが期待できることは確かである。

（3） 価格は交渉で決めるもの

企業合併の場合には合併する会社それぞれの一株当たりの企業価値を評価して合併比率を決定する。企業買収のうち株式取得についても同様に企業価値を評価する。また、営業譲受の場合には、有機的一体として機能する営業財産を、買収対象部門の企業価値として評価する。いずれの場合も評価額は合併比率あるいは買収対価に反映される。

対象会社が公開会社（上場会社、店頭登録会社）の場合には公表時価が評価基礎として重視される。非公開会社の場合には①純資産価値を基準とする方法、②収益価値を基準とする方法、③市場価格から推計する方法、④これらを組み合わせる方法によって評価する。各方法ともさまざまな評価方式が開発されている（詳しくは「**23　株式評価**」参照）。

このように各種の評価方法があるが、実際のM&Aにおいて唯一絶対の客観的評価額というものは存在しない。それは、一般に売手は高く売りたいが、買手は安く買いたいという当事者間のスタンスの差に加えて、M&Aの目的によって評価観点が異なるからである。すなわち、対象会社の新規事業がM&Aの目的の場合には、前述の②収益価値を基準とする方法に属する評価方式である収益還元価値法（将来の収益を予測して評価計算を行う方法）、DCF法（Discounted Cash Flow Method：将来のキャッシュ・フローを予測して評価計算を行う方法）等が用いられる。また、M&Aの目的が対象会社の不動産である場合には、純資産を時価で評価するなど、前述①の純資産価値を基準とする方法が用いられる。M&Aの実際の局面では、いろいろな要素が絡んでいることから、各種方式を併用することが多い。

また、同じ会社でも取得割合によって評価額は異なる。出資比率が高くなるほど株価に反映される経営支配権のプレミアムが高くなるからである。一株当たりの経営支配権のプレミアムは次の順に高くなる。

① 一〇〇%所有（完全支配）

② 三分の二以上所有（取締役・監査役の解任、合併、営業譲渡などの株主総会特別決議事項について支配権行使可能）

③ 五〇％超所有（取締役・監査役の選任、計算書類の承認などの株主総会普通決議事項について支配権行使可能）

以上の要素を総合的に検討して売手、買手は価格交渉のテーブルに臨む。M&Aの価格は交渉で決めるものである。ただし、高い価格を主張するにせよ、低い価格を主張するにせよ、相手を説得するにたる論理性をもって価格算定根拠を示す必要がある。M&Aの経験の少ない一般企業は、金融機関、大手会計事務所のコーポレート・ファイナンス部門などの専門家に価格交渉について助言、支援を求めることが賢明である。

(4) 持株会社の活用

企業の一事業部門をM&Aの対象とすることは実務上さまざまな困難を伴う。価格交渉の基礎となる事業価値の評価の難しさ、切り離される部門に所属する社員の所遇の問題などである。対象部門が事業子会社として分社されていれば、各種評価方法を適用して評価額算定が企業内事業部門の評価よりもはるかに容易にできる。また、持株会社のもとで分社経営が行われていれば、M&Aの売手にとっては出向、転籍などの措置を講じることなく、社員在籍のままで株式譲渡が可能である。また、平成一一年の商法改正で導入された株式交換制度を利用すれば、無資金でM&Aを実行することも可能である（「**8 持株会社の創設方式**」参照）。M&Aの買手が持株会社経営を行っていれば、新たな事業子会社として企業グループへの受入れもスムーズにすすめやすい。欧米では会社の売買がごく一般の取引として行われている。わが国でも持株会社の活用によりM&Aが加速されることになるであろう。

20 資本提携と持株会社の活用

資本参加の受入れ形態として持株会社方式はどのように利用されるか

(1) 資本参加の目的

バブル経済崩壊後、規制緩和が進む中、国際的競争時代の生き残りをかけた事業戦略として業務提携がますます盛んになっている。業務提携の目的も、市場シェアの拡大、新規事業への進出、販売戦略の強化、さらには新技術の獲得などさまざまである。そして、この業務提携をより強固なものにするために「資本参加」をする場合もしばしばある。

(1) 資本参加の方法としては、大きく分けて、既存株主から参加企業の株式を取得する方法と、第三者割当増資による新株引受けの方法がある。

(2) 資本参加の意味としては、参加する側からは、参加企業に対する発言権を確保するという意味があり、受け入れる側としては、新たな資金導入（第三者割当の場合）の他、資本参加する企業との業務提携強化及び企業イメージアップを意図するなどがある。

いずれにせよ、資本参加の程度によっては（必ずしも過半数の持株比率はなくとも）、実質的に企業買収したのも同然となる場合もありうる。

(2) 資本参加と受入れ組織

ところで、他社からの資本参加要請があった場合、受入れ側としてはどのような組織形態で受け入れればよいのか、以下、検討してみる。

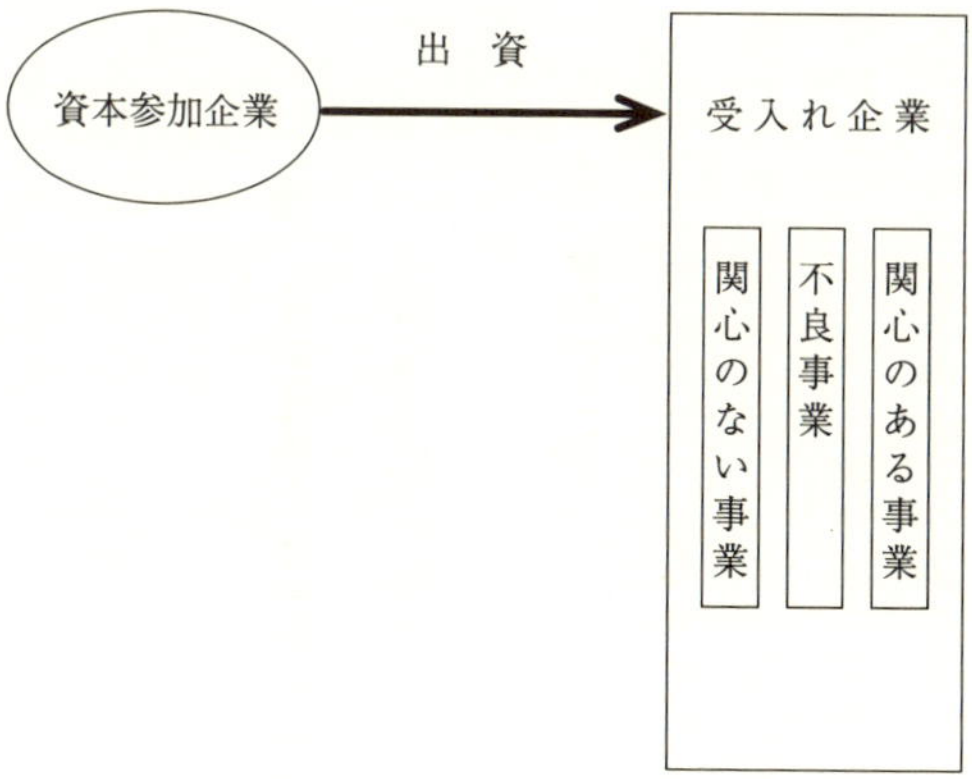

（1） 単に、第三者割当増資引受けという形で資本参加を受け入れる形態。

この受入れ形態の問題点としては、資本参加企業にとっては、受入れ企業のある特定の事業にのみ関心があり、その事業にのみ資本参加したいのであって、受入れ企業のすべての事業に興味があるわけではない場合や、受入れ企業が不良事業をかかえているような場合には、特に会社全体への資本参加は希望しない場合も往々にしてある。それにもかかわらず、この資本参加形態は、企業全体に出資する結果となってしまうことにある。

受入れ企業

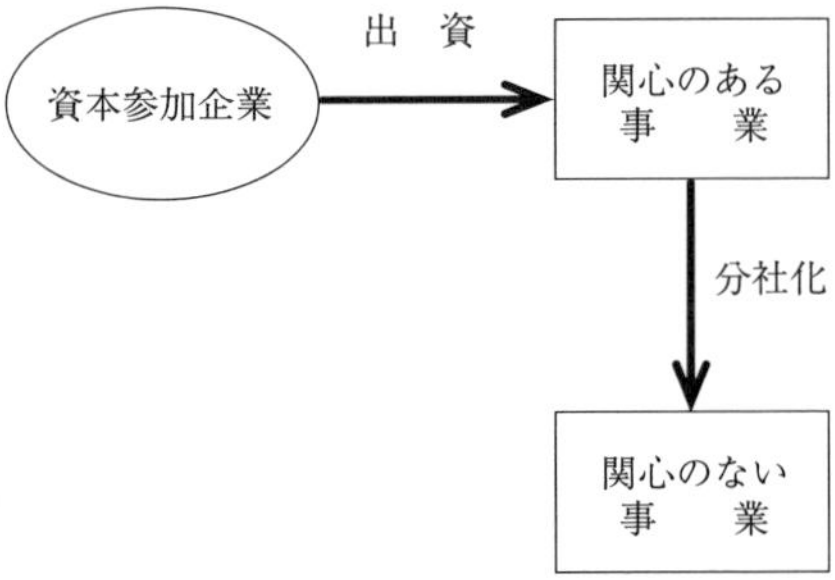

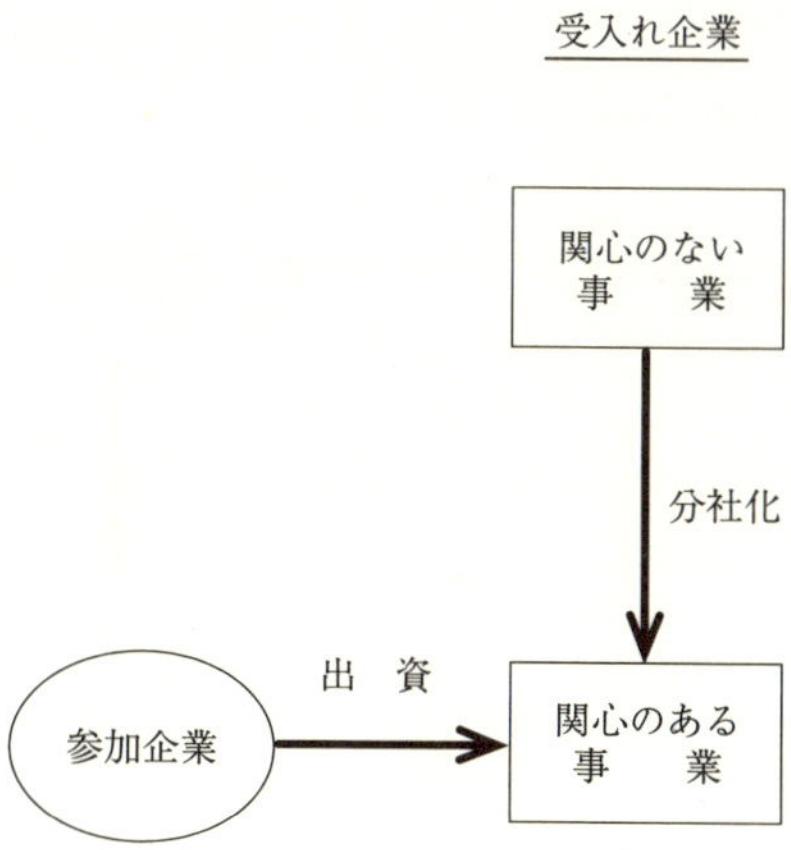

（2） 不採算事業など関心のない事業を分社化によって子会社とし、参加企業が関心のある事業のみを残し、そこに資本参加してもらう形態。

これは（1）の問題点をクリアするために考えられる形態であるが、この受入れ形態にも次のような問題点がある。関心のない不採算事業を子会社としてかかえており、資本参加する側としては、将来のお荷物となる懸念が残る。たとえば、不良事業子会社の債務保証や子会社閉鎖に伴う退職金などの負担など、結局、親会社で責任を負わざるをえないことになるのではないかとの危惧がある。

（3） 資本参加企業が関心のある事業を受入れ企業が分社化によって子会社とした上で、その子会社に資本参加してもらう形態。

また、この変形の形態として、受入れ企業と資本参加企業が出資して新会社を設立し、新会社に資

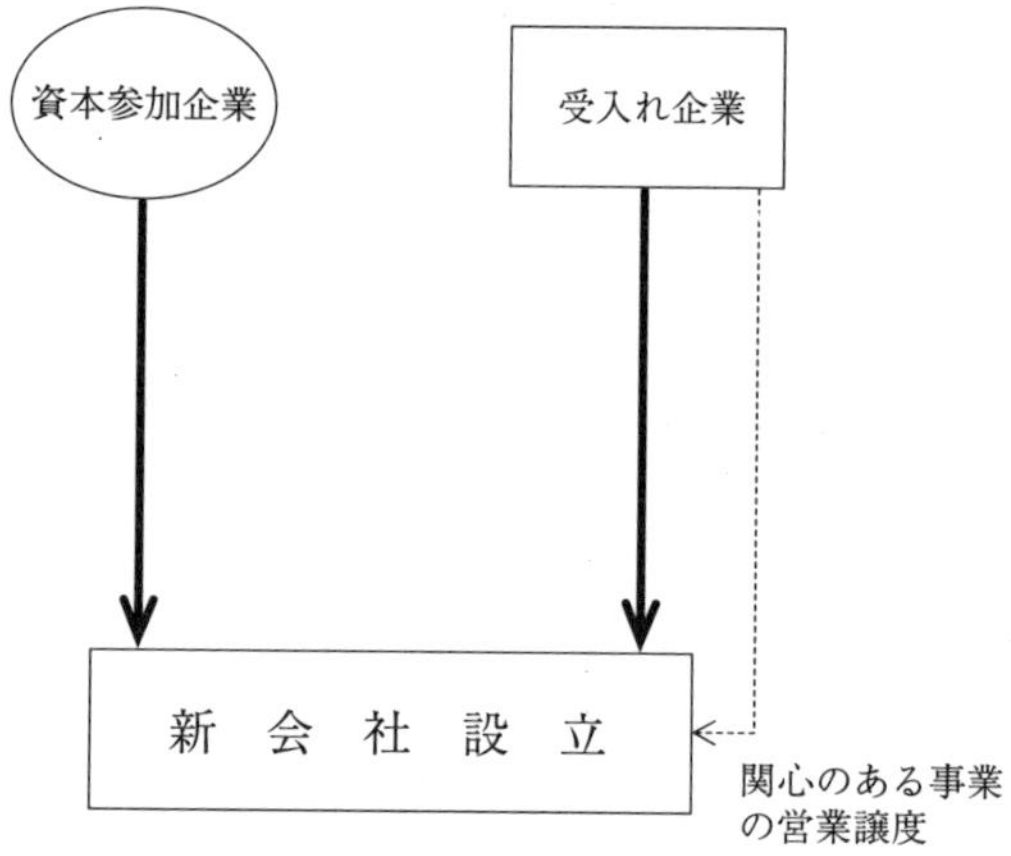

本参加企業が関心のある事業だけを受入れ企業から営業譲渡する形態もある。

前述した（1）、（2）の問題点をクリアするために考えられたこのいずれの受入れ形態においても、なお、次のような問題がある。つまり、子会社側からみると、意識としてどうしても本体から切り離され、そこに他社が資本参加してくるため、いわば、身売りされたようなイメージでとられやすい。そして、そのことからくる従業員のモラール（士気）の低下をまねくことにもなる。また、資本参加する側にしても、事業会社の子会社への資本参加という、意識として何か釈然としないものがあるかもしれない。

そこで、前述したすべての問題点をクリアする最後の切り札として登場してくるのが、

（4） 持株会社形態による受入れ組織形態

である。

資本参加は、この持株会社形態の下で分社された関心のある事業へのみなされることになる。分社された子会社においても、組織編成の一環として受け入れられやすく、また、資本参加する側においても、事業会社である親会社の子会社へ資本参加する場合よりも、持株会社の傘下子会社へ参加する方が気分的にもすっきりしたものとなる。このように、資本参加を受け入れる形態として持株会社方式は最も望ましい形態となるであろう。

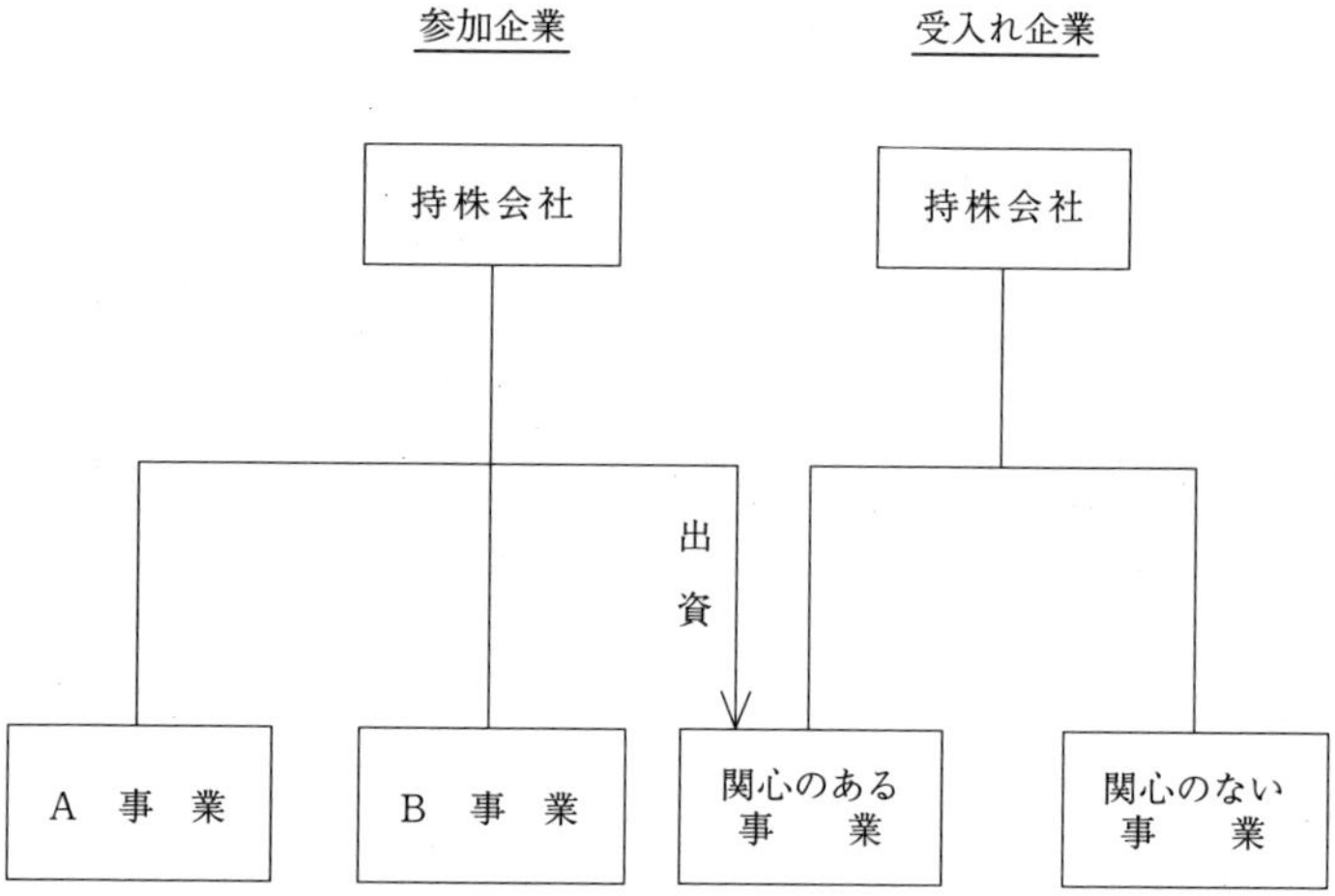
参加企業
受入れ企業
持株会社
持株会社
出資
A 事業
B 事業
関心のある事業
関心のない事業

21 財団法人

財団法人が持株会社となった場合、経営上どのような影響があるか

(1) 財団への株式贈与と課税

バブル経済華やかなりし頃、相続税対策を目的に、財団が数多く設立された。そして、創業オーナーが所有する自社の株式を、この財団に贈与するということが盛んに行われていた。また、現在でもなお行われているようである。このように、財団設立の目的が、財団本来の公益のためというよりは、むしろ相続税対策が初めにありきといった場合が多いようだ。ところで、財団が何故に相続税対策として利用されるかというと、その前提として、財団へ自社株を移動する際、所得税が課税されないと一般的に思われていることがある。しかし、財団へ生前に財産を贈与すると、所得税法上は、原則として、財団に時価で譲渡したものとみなして課税されることになっている。ただ、この譲渡所得税を非課税とするための規定が別途設けられている(措置法四〇条)。その寄付が、教育または科学の振興、文化の向上、社会福祉への貢献その他の公益の増進に著しく寄与することその他所定の要件を満たすものとして、国税庁長官の非課税承認を受けた場合である。

そして、国税庁長官の非課税承認要件として、

①贈与等が、公益の増進に著しく寄与すること
②その財産が公益事業の用に供されること
③そして、それが、一定の者に対する税負担の不当減少を生じないこと

が規定されている（措置法令二五条の一六第2項）。さらに、税負担の不当減少が生じないと認められるための四つの要件が、同3項に規定されている。その中に、

●財団の役員等の数のうち、親族等の数の占める割合が三分の一以下であること。
●財団が解散した場合、残余財産が国等に帰属すること。

という規定がある。

(2) 財団法人の性格

以上述べてきたように、譲渡所得税を非課税とした代償としてどのような影響が出てくるだろうか。創業オーナー健在のうちはあまり問題とはならないであろうが、創業オーナー亡き後は、オーナー家が財団に与える影響はますます減少し、世代が代われば代わるほどオーナー家の手許から離れていく。というのも、財団法人とは一般に営利を目的とせず、その設立にあたっては主務官庁の許可を要することになっている（民法三四条）。このような関係からか、やがて財団の理事等に著名な学識経験者と言われる人や主務官庁の元役人の人々が占める比重が高くなっていく。いつまでも財団の生みの親であるオーナー家のものだと思っていたら大きな間違いである。財団とは、本来、そうしたものなの

である。

22 株式公開

持株会社の株式公開ルールはどのようになっているか

一 持株会社に関する公開ルールの最近の動向

平成九年一二月の改正独占禁止法の施行による持株会社の解禁に伴い、東京証券取引所（以下、「東証」という）は株券上場審査基準、同取扱い及び株券上場廃止基準、同取扱い等の改正を行い、平成一〇年一月一日から施行した。

現在、持株会社の設立をスムーズに行える株式交換及び株式移転制度が商法の改正によって平成一一年一〇月一日から施行されており、さらに平成一三年四月より会社分割制度が商法改正で施行された。また連結納税制度も平成一四年四月より導入された。そういった中で上場企業も持株会社の設立を次々と発表している。

代表例としては、平成一二年四月には第一勧業銀行、富士銀行、日本興業銀行の三行による株式移転制度を用いた持株会社であるみずほホールディングスが設立されたが、株式移転制度により三行はそれぞれ持株会社の一〇〇%子会社（完全子会社）になったため、いったん上場廃止になり、改めて持株会社の上場申請がなされ、株式移転と同時に持株会社が上場した。

最近のこのような状況の変化の中で、東証は、株式交換・株式移転及び会社分割の商法改正を反映して、上場審査基準等の持株会社に係る部分その他のさらなる改正を行っている。具体的内容につき以下ケースに沿って見ていくこととする。

なお、ナスダック・ジャパンは、持株会社の設立日、上場申請日、持株会社設立前の子会社の数、及び審査基準項目（利益の額や総資産の額・売上高等）等に対応した審査対象となる連結財務諸表等を規定している。

また、いまのところ日本証券業協会では持株会社の店頭登録の申請等についての特段の規則は設けていないが、これについても今後の実務上の必要性の高まりに応じて対応がなされるであろう。

二　東証の上場ルール

(1)　持株会社そのものの上場申請ルール

東証の上場審査基準等における持株会社の上場審査等に係る部分を確認することとする。

① 持株会社の子会社が未上場会社であった場合

(i) 株券上場基準上、上場申請日の直前事業年度の末日までに設立から三年以上経過していることが一つの要件だが、持株会社についてはその経過年数を持株会社の子会社（いわゆる主体会社）の設立時から算出することができる（株券上場審査基準の取扱い2(3)b）。

(ii) 株主資本（純資産）の額及び利益の額の上場基準については、連結財務諸表の数値により適合することを要するが、持株会社の利益の額については、持株会社が設立後上場申請直前事業年度の末日までに三カ年以上を経過していない場合は、最近三年間のうち設立前の期間については、当該期間の持株会社の子会社（持株会社設立時の子会社に限る）の連結損益計算書に基づいて算定される利益の額について審査対象とする（株券上場審査基準の取扱い2(5)h）。

(iii) 最近二連結会計年度（利益の額によっては、最近三連結会計年度）に係る連結財務諸表等並びに最近一年間に終了する中間財務諸表に「虚偽記載」を行っていないことを要するが、持株会社については、設立後上場申請直前事業年度の末日までに三カ年以上を経過していない場合は、審査対象期間（最近二年または最近三年）のうち設立前の期間については、当該期間の持株会社の子会社（持株会社設立時の子会社に限る）の連結財務諸表について審査対象とする（株券上場審査基準の取扱い2(6)e）。

② 持株会社の子会社が上場会社であった場合

(i) 上場会社を子会社とする場合の持株会社については、その子会社が株式交換・株式移転その他の方法により持株会社の完全子会社（一〇〇％子会社）となった場合又はこれに準ずる状態となった場合（ただし、当該子会社が実質的な存続会社でないと東証が認めるときを除く）には株券の上場を遅滞なく申請すれば、「上場株式数」、「株式の分布状況」、「設立後経過年数」、「株主資本（純資産）の額」、「利益の額」、「虚偽記載等」については審査の対象とはしない。ただし、持株会社の上場時に「上場株式数」に係る上場廃止基準に該当しないこととなる見込みであり、公益又は投資家保護のため上場廃止が適当と東証が認める場合にも該当しないこととなる見込みであり、かつ、上場後最初に終了する事業年度の末日までに「株式の分布状況」に係わる上場廃止基準に該当しないこととなる見込があることを要する（株券上場審査基準第4条第5項(3)）。

なお、「これに準ずる状態」とは、公開買付又は現物出資による第三者割当増資により上場会社の親会社となった場合をいう。

(ii) 前述(i)の適用を受ける持株会社については、企業の継続性、企業経営の健全性、企業内容等の開示の適正性、その他公益または投資者保護の観点から東京証券取引所が必要と認める事項について上場審査を行うものとする（株券上場審査基準第2条第2項）。

③ ②のケースにおける持株会社の設立方法と上場申請との関係

前述②のケースは、上場会社が商法の株式交換・株式移転制度等によって持株会社の子会社になる場合であり、その場合は上場会社が、持株会社のいわゆる一〇〇％子会社（又は公開買付等により一〇〇％子会社に準ずる状態）となるため、上場会社は株券上場廃止基準の少数特定者（持株会社）の持株割合七五％超の基準に該当する（ただし、株式交換・株式移転による完全子会社化の場合は、これ単独で上場廃止の基準（第2条第1項⒀）となっている）ので、上場廃止となる。したがって、持株会社は当然前述②の(i)と(ii)の基準を満たして改めて上場申請することになる。

(2) 上場会社が会社分割、現物出資、営業譲渡により持株会社となる場合における上場廃止

これらの場合、上場会社が実質的な存続会社でなくなったと東証が認めた場合において、上場会社が3か年以内に上場審査基準に適合しないときは上場は廃止されるが、適合すれば、当該持株会社の上場は維持される（株券上場廃止基準第2条第8項a、同取扱1(8)ab）。

(3) 非上場の持株会社の子会社の上場申請

持株会社の解禁に伴って、東京証券取引所の株券上場審査基準及び同取扱いによる子会社上場の基準が緩和されたわけではない。すなわち、子会社上場が認められるのは、親会社が東証等に上場している場合、店頭登録されている場合または継続開示会社である場合である。

したがって、非上場の（または店頭登録されていない）持株会社がその子会社の上場申請をする場合は、親会社である持株会社が継続開示会社でない限り受け付けてもらえない。

ただし、公開買付により非上場の持株会社が上場会社の親会社になるようなケース（ただし、上場廃止基準を満たさない場合）では、上場子会社の一般株主の利益を害して持株会社及びグループの利益を優先する事態が生じることが想定される。これでは前述の子会社上場の規則が無意味になってしまう。しかし、このケースでは、東証による実質審査が行われ、上場子会社が非上場の持株会社から独立性を確保していると認められた場合にのみ、当該上場子会社の上場は維持されるため、上場子会社の一般株主の利益が害されることは阻止され、結果的には子会社上場の規則は守られることになる。

なお、オーナー一族の事業子会社株式等を所有する管理会社たるいわゆる財産保全会社（未公開会社）については、東証では従来から子会社上場において問題とせず、前記の規則の対象外として取り扱っている。

これは、持株会社と財産保全会社とは事業子会社株式を所有しているという形式的な点では類似しているが、前者は子会社の経営戦略の立案等を通じて子会社の経営を実質上も支配するのに対し、後者はオーナーの私的な会社であり、単にオーナーが当該会社を通じて上場株式を間接保有しているにすぎないという点で、まったく異質のものであるからである。

三　持株会社と株式公開

持株会社の株式公開を行うか否かは、当該持株会社のグループ経営戦略によるものといえる。株式公開することで株主への会計のグローバル・スタンダードに基づくディスクロージャーが不可欠となるが、それがグループの経営を効率化することになるという経営意思決定もあるだろうし、また、グループの中長期の投資計画を実行するための資金調達の観点から株式公開を選択することもありえよう。一方、グループが未公開のままでも、資金調達が十分可能である場合には、株式公開をすると一般株主及び市場の株価を過剰に意識することになり、かえってグループの経営上マイナスであると判断し、未公開のままとする場合もありえるであろう。

一方、一般投資家の側からは、持株会社の株式は投資対象としてはどうであろうか。

もちろん一概に結論は下せるものではないが、市場株価とグループの組織形態とを考察する上で参考になるキーワードの一つが「コングロマリット・ディスカウント」である。

コングロマリット・ディスカウントとは、企業の複数の事業部門の価値の合計が企業全体の価値よりも高くなっている状況をいう。複数の事業部門の中に本業に関連しない事業分野がある場合には、異なるマーケットや特性をもつ事業を一つの企業及びマネジメントが経営することから、その企業の株式が市場で低く評価されることがある。これは異なるマーケットや特性をもつ事業は別々の企業及びマネジメントが経営する方が優位性があるとの見方によるものである。

アメリカでは、事業持株会社による組織形態では、一つの企業及びマネジメントが経営する場合と本質的に変わらないため、コングロマリット・ディスカウントの解消にはならないことから、純粋持株会社による組織形態あるいは本業に関連しない事業分野を売却等により切り離すことが指向されることが多いようである。

この見解によれば、多数の事業分野の異なる子会社を有する場合は、持株会社による組織形態は事業持株会社による組織形態に比べて株価は高くなるはずであり、一般投資家にとっての投資対象として魅力あるものということになる。

投資をする場合に一般投資家の側から見て重要な点は、持株会社を中心とした連結財務諸表によるグループ全体の企業内容等の開示の適正なディスクロージャーであることは論を待たない。

四　持株会社方式によるベンチャービジネスと株式公開

持株会社による組織形態では、リスク分散の観点からその企業グループの事業子会社としてベンチャー企業や新規事業分野への参入企業を積極的に取り込むことが可能となる。その際、持株会社が株式公開すれば、これらの子会社に対して資金調達することが容易になる。

23 株式評価

持株会社の株式評価のあり方

持株会社の企業評価ないしは株式評価はどのように考えたらよいのかということが、この項のテーマである。

(1) 未公開株式の評価方法

持株会社の株式評価を考える前に、現在、実務で行われている未公開会社の株式評価について検討してみる。株式は株主の財産権の化体したもので、企業の価値を表すと言われる。したがって、株式を評価するということはイコール企業価値を評価するということを意味する。この株式評価については、商法・経済・経営・税法等いろいろな分野で様々な立場・目的から議論・検討がなされているが、これらの立場を総合した統一的な評価理論はいまだ確立されておらず、未公開株式の評価に画一的な評価方法は存在しない。

現在、未公開会社の株式評価実務においては図4-2のような方法が比較的採用されている。

しかし、これらの方法にも、それぞれ長所・短所があり、実際の評価においては、株価算定の目的、その背景、評価対象会社の規模や状況、さらに、株主や売手・買手の状況等を総合的に判断した上で、そ

図 4-2　非公開株式の評価方法の類型

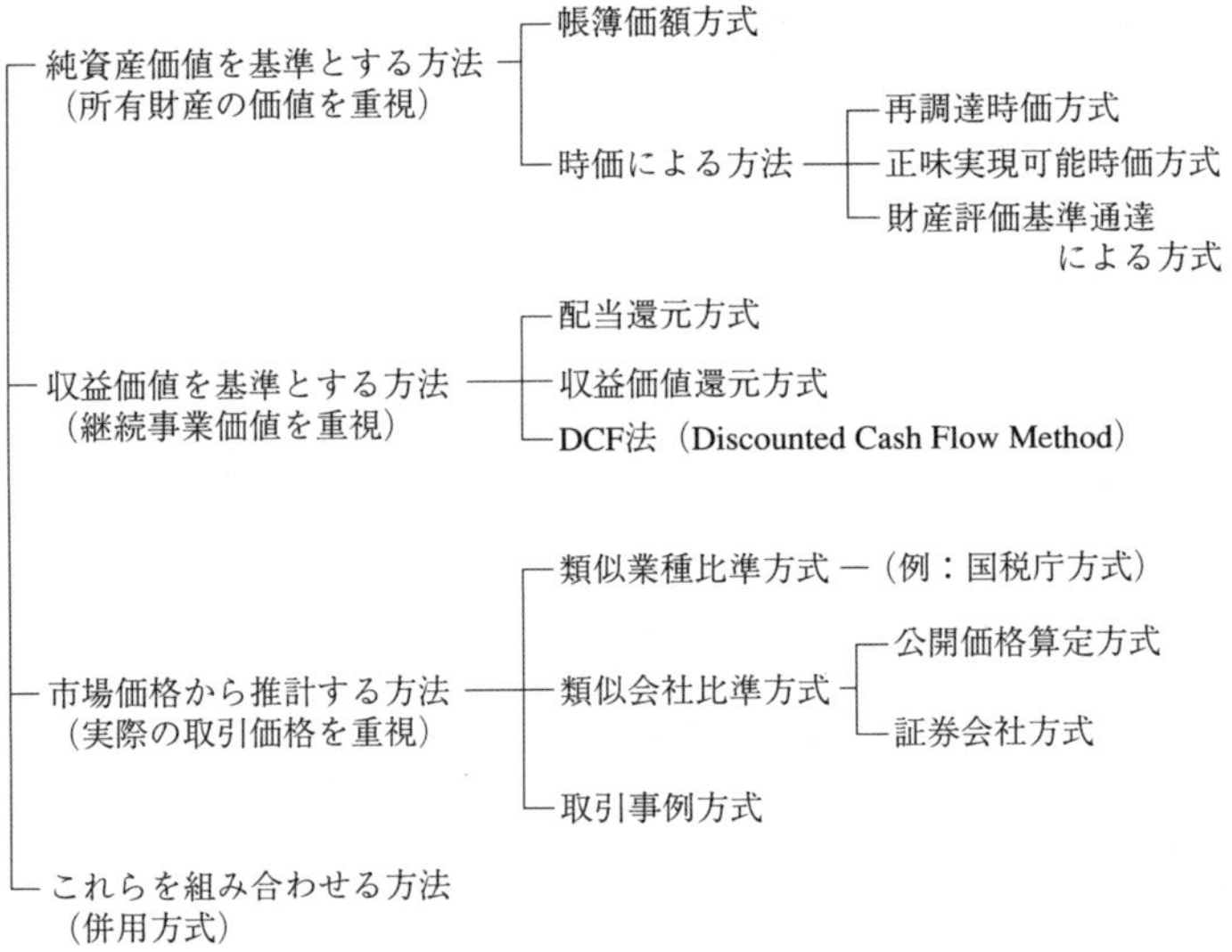

の最も適した評価方法が選択される必要がある。

(2)　株式評価の基本的考察

現在の日本企業の株式評価ないしは企業評価の基本的フレームワークとして最も適当な考え方は、将来の収益力を営業権評価という形で織り込んだところの時価純資産価値で評価する方式であろう（図4-3参照）。

すなわち、(A)は、取得原価ベースの純資産で、現行の取得原価主義会計のもとで一定時点における財政状態を表しているが、企業全体の価値を表してはいない。次に、(B)は、狭義の時価純資産を意味しており、日本において下がったとはいえ、土地等の含み益を無視することはできない。これに、その企業のもつ営業権評価を加えたものが本来のあるべき企業価値(C)ということである。営業権とは、いわゆる超過収益力を

図 4-3　株式評価の考え方

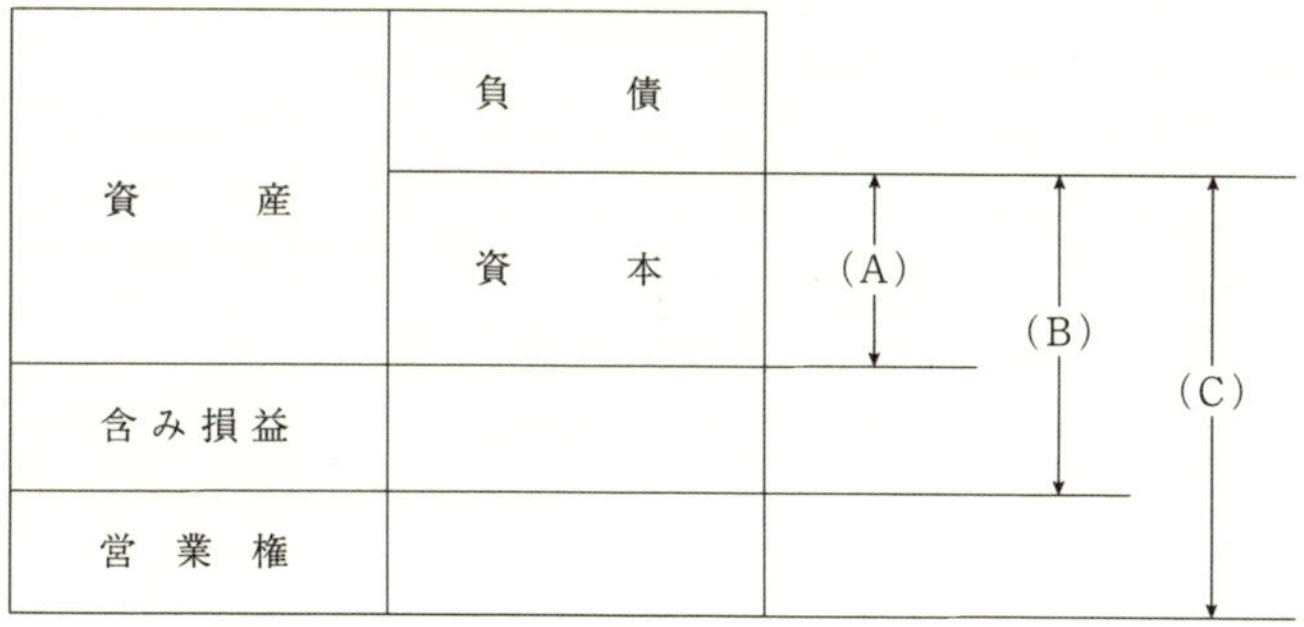

有する無形の財産的価値で、人・組織・顧客・信用力・販売力・技術力・ブランド力・その他のノウハウ等が有機的に結合したものである。したがって、営業権は、将来における超過収益力を評価時点で資産化したものである。

(3)　持株会社の株式評価

持株会社の株式評価ないしは企業評価の場合も基本的には、前述したフレームワークで評価することが適当と考える。しかし、その具体的評価においては、個々の企業評価とは異なる面があることも事実である。この点を踏まえ以下検討してみる。

(1)　持株会社を個別の会社としてとらえ評価する方法

つまり、従来の親会社の株式評価をすることと同じと考えればわかりやすい。傘下子会社の株式評価をすべて前述した営業権を含む時価純資産価額で評価し、それを単純に合計したものを子会社株式の評価とした上で持株会社の時価純資産を算定するというものである。

以上の考え方は図4-4のようになる。

図 4-4

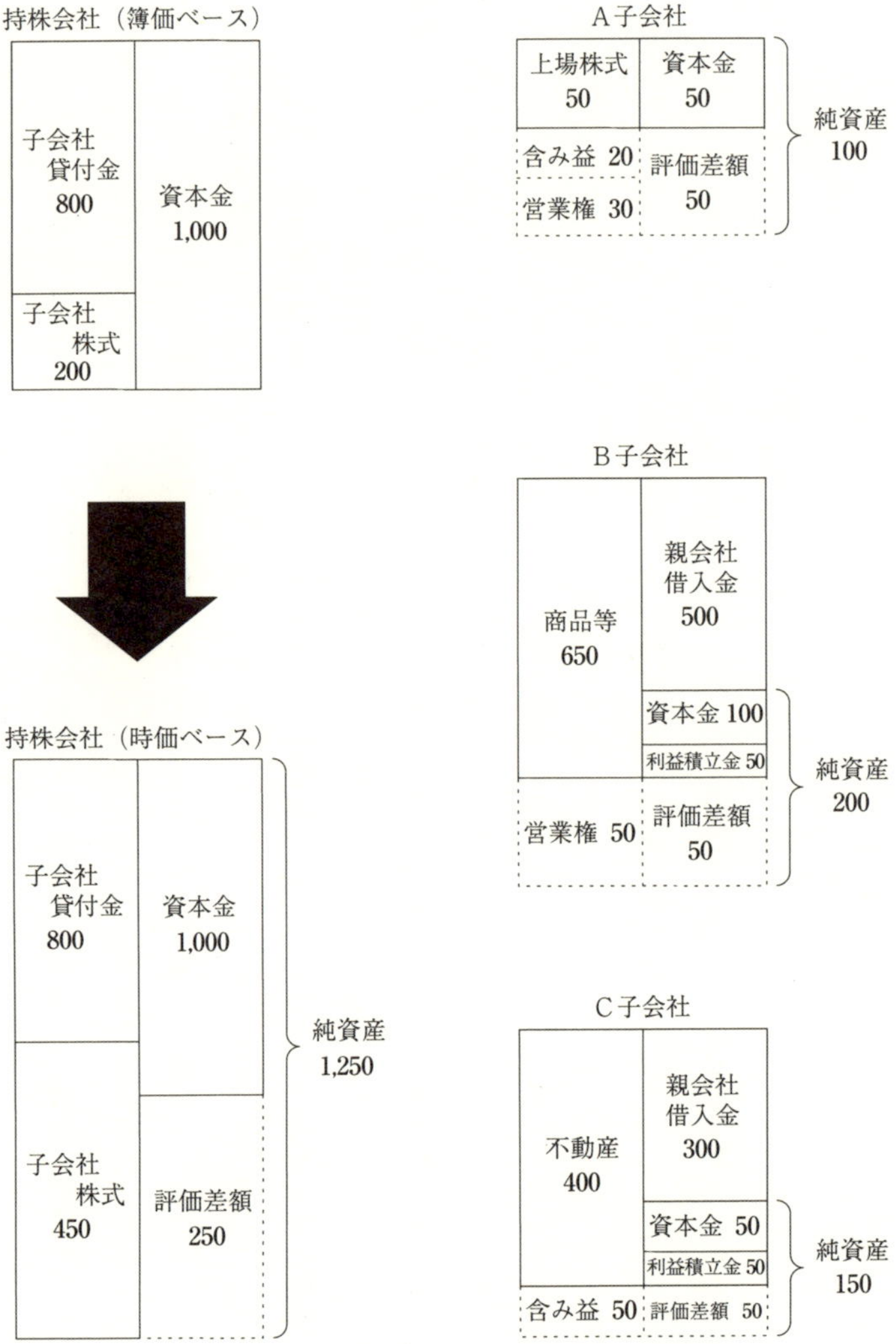
持株会社（簿価ベース）
子会社 貸付金 800
子会社 株式 200
資本金 1,000
A子会社
上場株式 50
資本金 50
含み益 20
営業権 30
評価差額 50
純資産 100
B子会社
商品等 650
親会社 借入金 500
資本金 100
利益積立金 50
営業権 50
評価差額 50
純資産 200
持株会社（時価ベース）
子会社 貸付金 800
子会社 株式 450
資本金 1,000
評価差額 250
純資産 1,250
C子会社
不動産 400
親会社 借入金 300
資本金 50
利益積立金 50
含み益 50
評価差額 50
純資産 150

(2) 連結時価純資産をもって持株会社の株式評価をする方法

この方法は、持株会社と子会社との間の、①投資勘定と資本勘定の消去、②債権・債務の消去、③未実現利益の消去が行われた後の連結ベースでの純資産に、土地や有価証券などの含み損益を加え、さらに、連結ベースでの営業権を加えて評価するとする方法である。ここで問題は、連結ベースでの営業権（「連結調整勘定」も一部を構成することがある）をどのように評価するかという点であろう。持株会社自体の営業権を評価することは意味がないような気がする。なぜなら、持株会社の収益力とは傘下子会社からの配当収入がその主たるもので、それは収益力というよりむしろ、配当政策に依存するものだからである。そうしてみると、やはり、個々の傘下の事業子会社の営業権の合計をもって持株会社の営業権評価とすることが適当と思われる。

先の例と同様、図で示せば図4-5のようになる（なお、B子会社の商品中には、五〇の未実現利益が含まれているものとする）。

以上の設例においては、(1)と(2)の評価方法の差は未実現利益の差となって表れている。こうしてみると、持株会社の株式評価は、後者(2)の連結ベースでの営業権を含む時価純資産価額方式の方がより理論的であるように思う。

図 4-5

持株会社

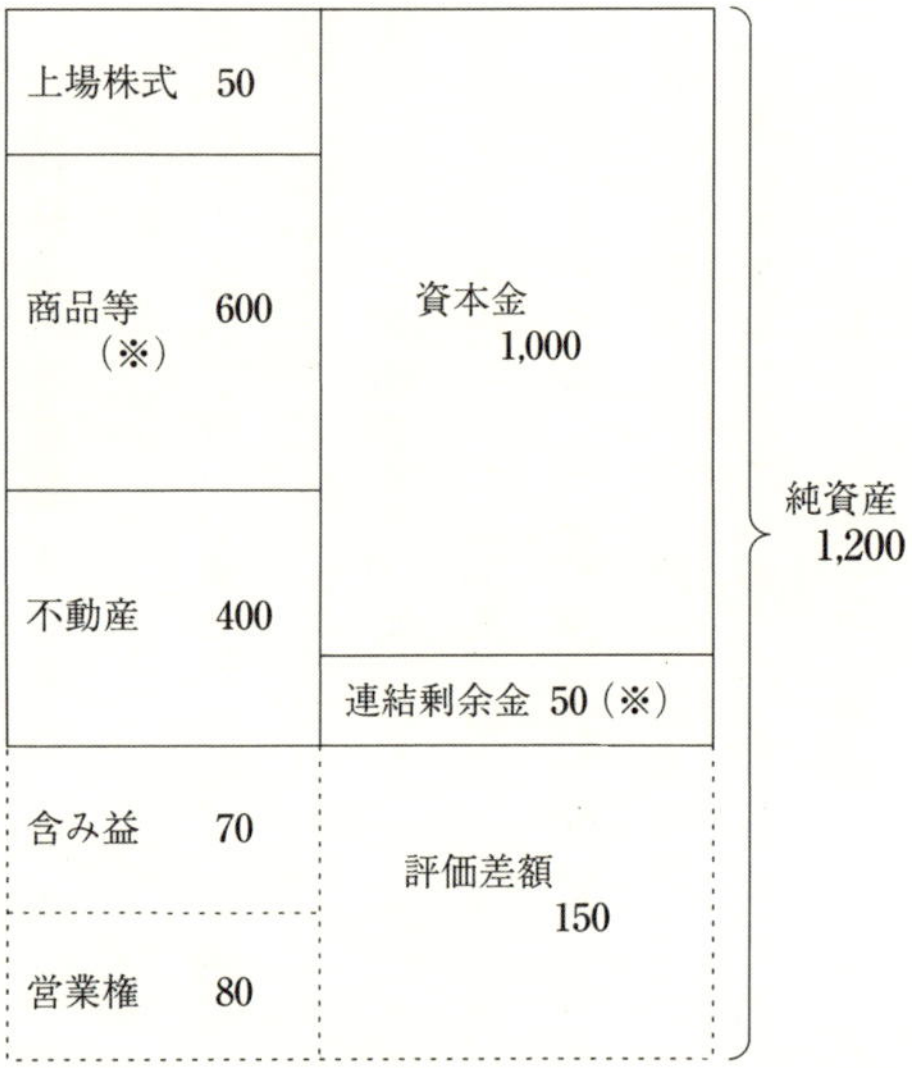

(※) 未実現利益50の控除後

第二節　企業グループ経営の法務

24　商法上の留意点

持株会社を運営する場合、商法上の留意点は何か

(1)　株式会社、合名会社、合資会社の組織、活動等を規定する商法も、有限会社を規定する有限会社法も、もともと想定していた会社は独自に事業活動を展開する会社である。持株会社や事業持株会社によって事業活動を支配したり、されたりする会社を当初から想定したわけではなかったとみられる。また、ここで事業活動といえば、絶対的商行為と呼ばれる物品の売買等商法第五〇一条に示された行為、営業的商行為と呼ばれる賃貸業、製造業、各種サービス業等商法第五〇二条に示された行為などの「商い」を自ら行うことを本来想定していたとみてよいであろう（商法第五二条、有限会社法第一条）。つまり旧来の商法（有限会社を含む。以下同じ）では、持株会社形態における親会社、子会社を想定し、これに参集する多数の者の利害調整を図る規定は存在しなかった。しかし、昭和二四年の独禁法改正以降、事業持株会社が増加したことや、事業支配

を目的としなくとも、株式の相互持合いなど会社が他の会社の株式を多量に保有する場合があり、その現実をふまえて利害を調整する規定が必要とされたことから、その後の商法改正によりいくつかの条項が加えられ、平成一一年以降の度重なる商法改正では持株会社の創設を容易にしたり、これを想定した条文も制定されるに至った。

(2)

そこで持株会社を運営する場合、現行商法上で留意すべき条項の主なものについて概説する。

1　子会社による親会社株式の取得制限（商法第二一一条ノ二）

子会社による親会社株式取得を自由に認めることは、親会社、子会社双方の資本充実・維持の原則に反することなどから、原則として禁止されている。つまり、親会社から多額の出資を得ている子会社が親会社の株式を取得することは、出資金を親会社に戻すこととなり、また親会社が実質的な資金の裏付けのないまま資本の増加をもたらすことにもなり、資本の空洞化を生ずるからである。同じく資本充実・維持の原則に反することなどを理由に原則禁止されてきた会社の自己株式取得・保有は、平成一三年の商法改正により、取得財源を基本的に配当可能利益の範囲とし、定時株主総会での承認決議を要するなどの弊害防止規定を設けた上で、原則自由とされたが（商法二一〇条等・「金庫株解禁」といわれる）、子会社による親会社株式取得制限は維持されたままである。

親会社とは、他の株式会社の総株主の議決権の過半数又は他の有限会社の総社員の議決権の過半数を有する会社をいう。この要件を満たさなければ、親会社にはならず、制限の対象とはされない。一方、子会社とは、親会社に右のとおり議決権を保有されている会社のことをいう（第二一一条ノ二・一項）。

また、他の株式会社の総株主の議決権の過半数に当たる株式を親会社と子会社又は子会社だけが有するときは、いわば孫会社にあたるその株式会社もまた親会社の子会社とみなされる。有限会社の出資口数についても同様である（同条三項）。

ところで、この親会社、子会社の定義は、商法の他の条文にも適用される。右議決権の算定にあたっては、相互保有株式のため議決権を有さないとされる株式（第二四一条三項）も議決権を有するものとして扱われる（第二一一条ノ二・五項）。そうしないと、両会社とも相手方会社の総株主の議決権の過半数以上の株式を有しながら、両会社間には親子会社関係がないという不都合が生ずるからである。

さて、このような子会社は、

（1）株式交換、株式移転、会社の分割、合併又は他の会社の営業全部の譲受によるとき

（2）会社の権利の実行に当たり、その目的を達するため必要なとき

以外は親会社の株式を取得してはならない（同条一項）。

なお、（2）の例としては、債務の代物弁済などで取得するときがある。

そして、右に掲げる例外的措置として親会社の株式を取得した場合でも、取得したら相当の時期に親会社の株式を処分しなければならない。いつの間にか他の会社に株式を集められて子会社となってしまったときは、子会社となったことを知ったときから相当の時期に親会社の株式を処分しなければならない（同条二項）。

相当な時期とは、時間的速やかさだけを意味するのではなく、速やかで、かつ、なるべく有利に処分できる時期という意味である。具体的にいつするかは会社経営者の合理的判断に委ねられている。

しかし、現実には当面処分先が見つからぬ場合もあり、このような場合に対処すべく、平成一三年の商法改正により、親会社は子会社の有する親会社株式を定時株主総会決議を要せず、取締役会決議でよいとするなど緩和された要件で買受けることができるものとした（商法二一一条ノ三）。

また、商法二一一条ノ二の立法の趣旨からみて、会社資産を危うくするおそれのない無償取得や信託的取得の場合まで制限する必要はなく、これらの場合は許容されると解されている。

2　相互保有株式の議決権制限（商法第二四一条三項）

複数の会社が相互に他の会社の株式を持ち合う場合の弊害として、前出の第二一一条ノ二で指摘した会社資産を危うくすることのほか、会社役員による自社の株主総会支配が挙げられる。

たとえば、親会社の取締役らは子会社の株主総会における取締役選任決議を支配しうるから、これによって選任された子会社の取締役らは、子会社が親会社の株式を多数所有する場合、その株主総会に出席して親会社役員の意に沿う議決権行使を行い、これによって親会社役員による株主総会支配が可能となるのである。

このような弊害を防止する観点から昭和五六年の改正で設けられたのが本条項である。

すなわち、株主総会における議決権は一株につき一個有する（第二四一条一項）のを原則とするが、一つの会社で、あるいは親会社と子会社が合算して、さらには子会社独自で、他の株式会社の総株主の議決権の四分の一を超える議決権（有限会社であれば、他の有限会社の総社員の議決権の四分の一を超える議決権）を有する場合、このように議決権を保有されている方の株式会社（または有限会社）は、会社または親会社の株式を所有していても、その議決権を有さないのである（同条三項）。

右議決権の算定にあたっては、相互保有株式のため議決権を有さないとされる株式（同条三項）も議決権を有するものとして扱われる（同条四項、第二一一条ノ二・五項）。そうしないと、相互に相手方の議決権を有する株式を四分の一を超えて有する場合、両会社とも相互保有状態にないことになって議決権を行使しうることになるからである。

この趣旨を類推すると、

（1）株式を所有されている会社の子会社が右各会社の株式を所有していても、やはりその議決権を有さない。子会社はその親会社の意図に支配されていると考えられるからである。

（2）二つの会社が互いに相手の総株主の議決権の四分の一を超える株式を所有する場合、双方とも相手の会社の株式について議決権を有さない。

ところで会社の規模が大きくなればなるほど比較的少数の株式所有で企業支配は可能となる。実際どの程度の株式で会社支配が可能かは一概に言えないが、上場企業等大企業となれば発行済株式の五％程度を所有すれば大きな影響力をもつことになると考えられる（独占禁止法第一一条、証券取引法第二七条の二三など）。その意味で商法第二四一条三項の「総株主の議決権の四分の一を超える」という数字は高すぎるのではないかと言われている。

3　親会社株主による子会社の書類閲覧、謄写等

親会社株主にとって子会社の業務内容は重大な関心事であり、親会社株主の利益を擁護するため、平成一一年一〇月施行の改正商法により、子会社の情報開示に関する一連の措置が図られた。

すなわち、親会社の株主は、

①その権利を行使するため必要あるときは

②裁判所の許可を得て

子会社の株主総会議事録（第二四四条四項）、取締役会議事録（第二六〇条ノ四・四項）定款、株主名簿等（第二六三条四項）、貸借対照表等計算書類（第二八二条三項）、会計の帳簿及び書類（第二九三条ノ八）を閲覧や謄写等ができることとなった。但し、会計の帳簿及び書類の閲覧は、濫用によって会社や他の株主の利益が害されることを防ぐため、親会社の総株主の議決権の一〇〇分の三以上を有する株主に制限され（少数株主権）、かつ、一定の事由あるときは裁判所は許可してはならないとされている。

4　取締役会議事録の閲覧・謄写制限（商法第二六〇条ノ四・五項）

株主はその権利を行使するため必要があるときは、裁判所の許可を得て取締役会議事録の閲覧または謄写をすることができる。会社の債権者が取締役または監査役の責任を追及するため必要があるときも同様である（同条四項）。

ここで裁判所の許可を必要とするのは、取締役会が会社運営上重要な機密事項を多く扱うので、その公開には慎重を期し、裁判所によって公正に必要性を判断してもらうこととしたためである。

しかし、閲覧または謄写により、会社またはその親会社あるいは子会社に著しい損害を生ずるおそれのあるときは、裁判所は許可することができない（同条五項）。

これは、後述する親会社の監査役から子会社に営業報告を求めたり財産調査をする権限を正当な理由ある場合に拒めるのと同様に、会社側の利益のため知る権利を制限する規定である。しかし、取締役会議事録の閲覧・謄写権は、株主にとって取締役による会社経営を監督するための重要な権利の一つである。したがって、拒める理由は会社の機関である監査役に対する場合より厳格で、「正当な理由」より狭く、より具体的に「会社又はその親会社あるいは子会社に著しい損害を生ずるおそれがあるとき」に限定されている。

会社としては、閲覧・謄写させることで、実際にいかなる著しい損害を生ずるおそれがあるのか具体的に証明できなければ、閲覧・謄写を拒否することはできない。

ただ著しい損害を生ずるおそれは取締役会を開いた会社だけでなく、その親会社や子会社に生ずる場合でもよいとされる。これは両会社が親子関係を通し事業活動を上下一体となって行っており、一方の著しい損害は即他方の著しい損害に直結するからにほかならないからである。

5　親会社の監査役による子会社調査（商法第二七四条ノ三）

本条も会社資産の健全な運用を図るための条項である。かつて親会社が子会社に対する架空の売上を計上したり、親会社の不良債権を子会社に肩代わりさせるなど、親会社の経営者が子会社に対する支配力を悪用して不正を働く事件が相次いだ。このため昭和四九年の商法改正で親会社の監査役に子会社調査権が認められ、さらに平成一一年一〇月施行の改正商法により、その権限が強化された。親会社の監査役は、その職務を行うため必要なときは子会社に対し営業の報告を求め、子会社の業務及び財産の状況を調査できるのである。

ただし、子会社に正当な理由のあるときは、報告や調査を拒むことができる（同条二項）。正当な理由としては、営業の秘密保持上どうしても応じられない場合などであろうが、客観的に正当であるかは子会社側において証明すべきである。

本条との関係もあって、監査役は会社のみならず子会社の取締役又は支配人その他の使用人を兼ねることができない（第二七六条）。

なお、同じ平成一一年の改正商法により、親会社の検査役は子会社の調査もできることとなった（第二九四条二項）。

25　持株会社の取締役

持株会社の運営をめぐる取締役の任務と責任はどのようなものか

(1) 商法は、会社と取締役との関係を民法の委任に関する規定に従うこととしている（第二五四条三項）。つまり取締役は、善良なる管理者の注意義務をもってその任務を遂行しなければならない（善管注意義務、民法第六四四条）。また、商法は、取締役に対し、法令及び定款の定め並びに総会の決議を遵守し、会社のため忠実にその職務を遂行する義務、すなわち取締役の忠実義務を定めている（第二五四条ノ三）。この善良なる管理者の注意義務と取締役の忠実義務の関係をどうとらえるかの問題はさておき、要するに取締役は会社のため法令、定款及び株主総会の決議に従って、忠実に任務を遂行しなければならないのである。これは持株会社を中心とするグループ会社の取締役全てに共通する。

しかし、商法では持株会社（以下「親会社」という）やその取締役による傘下子会社に対する経営管理指導に関わる責任については特に規定を設けていないので、責任の根拠、範囲等についてさまざまな解釈がなされているが、いまだ定説をみない。

(2) まず、親会社の取締役について、子会社に対する経営指導、管理に誤りがあって子会社に損害が生じた場合の法的責任について述べる。

1 親会社取締役が、子会社取締役らに対し、子会社のため法令、定款及び株主総会決議に従いつつ忠実に任務を遂行すべき義務に反する経営指導をしてこれに従わせた場合、子会社は子会社取締役に対し前述のとおり忠実に任務を遂行するよう求める権利、すなわち債権を有するから、子会社取締役は当然債務不履行責任を負うが、このような債務不履行を引き起こした原因は親会社取締役による働きかけにあったから、子会社は、子会社取締役に対する債権を親会社取締役に侵害されたとして（第三者による債権侵害）、不法行為による損害賠償を請求できると考えることができる（民法第七〇九条）。ただし、このような場合の第三者による債権侵害は、債権者と債務者との信頼関係を意図的に裏切らせるところが本質であるから、一般の不法行為責任と異なり、過失では足らず、故意を要すると解される。ほかに、親会社の取締役を事実上子会社の取締役とみなして子会社に対する賠償などの責任（商法第二六六条）を認めるとする説や取締役の第三者に対する責任の規定（商法第二六六条ノ三）に関し子会社を親会社の取締役により損害を受けた第三者と位置づけて責任を問うとする説もある。

2　また、子会社に損害が生じた結果、親会社にも子会社の株価が下がって親会社の資産が減少するなど損害が生じた場合、親会社の取締役は、親会社ないしその株主からも善管注意義務、忠実義務に反したとして責任を問われることがありうる。

3　さらに、子会社の債権者が子会社取締役に対し責任を追及する場合（商法第二六六条ノ三）、その取締役が親会社の取締役の指示で行動したことが明らかであれば、親会社の取締役を事実上子会社の取締役とみなして責任を追及できるとする見解や、親会社の取締役としての職務行為が子会社の債権者という第三者に損害を直接与えたとみることができるとする見解等がある。商法第二六六条ノ三を不法行為責任の特別規定とみて、親会社取締役には共同不法行為責任（民法第七一九条）を問えるとする説もある。

(3)　次に、親会社の取締役の指図に従ったため、子会社に対する忠実な任務遂行義務に反することをなし、その結果子会社に損害を生じさせた子会社の取締役についてみると、事実上の従属関係は別として、取締役は法律上はあくまで自己の判断と責任で行動することとされているから、子会社ないしその株主に対する関係で責任を免れることはできない。この点で、親会社と子会社の兼任取締役の場合、親会社の取締役としては責任を問われなくても子会社の取締役として責任を問われることはありうるのである。

(4)　また商法は、会社と取締役との間の利害を調整するため特に必要として、競業取引（第二六四条）、会社・取締役間取引と利益相反取引（第二六五条）、取締役の報酬（第二六九条）につき規定する。

1　競業取引とは、取締役が自己または第三者のために会社の営業の部類に属する取引をすることである。たとえば物品販売会社の取締役が、自分個人で物品販売を手がける場合である。このような取引を行う場合には、取締役会においてその取引について重要な事実、たとえば主要な物品の種類、販売量等を開示し、その承認を受けなければならない（第二六四条一項）。ここで第三者のためにとは、他人の代理人として、あるいは他の会社の代表取締役など団体の代表者としてという意味である。そして、取引後は遅滞なくその重要事項を報告しなければならない（同条二項）。また、承認を受けずになされた取引については、これによって取締役や第三者が得た利益の額は会社がこうむった損害と推定して会社に弁償しなければならず（第二六六条一項五号、四項）、また取引から一年を経過していなければ、会社のために取引したものとみなして、利益を会社に帰属させることもできるのである（第二六四条三項、四項）。

2　会社・取締役間取引とは、取締役と会社との間で製品その他の財産を譲り受けたり譲り渡したり、取締役が会社から金銭貸付を受けたり、そのほか取締役が第三者のために会社との間で取引をするときで、この場合は取締役会の承認を要するのである（第二六五条一項前段）。なお第三者のための意味は前出と同じである。会社が取締役の債務を保証するなど取締役以外の者との間で会社と取締役との利益が相反することとなる取引をするときも、取締役会の承認を要する（同条一項後段）。

これらの取引も、取引後遅滞なくその重要事項を報告しなければならず（第二六五条三項）、かつ、これらの取引により会社が損害を受けたときはこれを賠償しなければならない（第二六六条一項四号）。

もっとも、取引の安全を図る必要から、この承認を受けなかった取引も取引の相手方がそのことを知っていた場合（悪意の場合）以外は有効であると解釈されている。

3　取締役の報酬は、定款にその額を定めていないときは、株主総会の決議を要する。お手盛りを防ぐためである。なお、定款に取締役の報酬を定めてあることは現実にはまずないであろう。

(5)　これらの会社と取締役間の規定はすべて持株会社の場合にも適用されるが、持株会社の場合は、親会社・子会社関係があるため、その適用がさらに複雑となり、次のような問題が生ずる。

1 親会社の取締役について

親会社の取締役は、親会社との関係で競業取引、会社との取引について規制されることは言うまでもないが、現行の規定では子会社との関係でこれらの取引が規制されることはない。しかし、子会社の利害は親会社のそれに直結するから、親会社の取締役に子会社との関係でもこれらの取引規制を適用すべきではないかとの意見もありえよう。

2 子会社の取締役について

子会社の取締役は、法令のほか子会社の定款や株主総会決議に従うばかりでなく、親会社からの指図に従って業務を執行する。この場合、子会社の取締役がこれらの制約の範囲で業務執行しても、一〇〇%子会社でなければその業務執行に異を唱える子会社の少数派株主から代表訴訟提起などにより責任を追及される可能性を否定できず、たとえ親会社の指示に従った業務執行でも子会社に損害が出た場合は、子会社に対する善管注意義務違反が認められると免責されないこともありうる。

3 兼任取締役について

監査役と違い、親会社の取締役は子会社の取締役を兼任することが可能である（なお、社外取締役に関しては、制限規定あり）。そこで、親会社と子会社間で取引をする場合、双方の代表取締役が同一人物であれば、双方の会社で取締役会による承認が必要となり、一方の会社は代表取締役でも他方は代表権のない取締役であれば代表権のない取締役を務める方の会社でのみ取締役会の承認が必要となる（代表権のない取締役は、その会社を代表して取引をするのではないから、代表取締役を務める方の会社からみて前述した意味の第三者のための取引をすることにはならないが、代表権のない方の会社にとって、他の会社の代表取締役としての行為は第三者のための取引にあたるため）。親会社が子会社の株式を全株所有しているときは、利益相反が起こらないから取締役会の承認は不要と考えられよう。しかし、子会社に親会社以外の少数派株主がある場合は、たとえ子会社の取締役会で承認を受けた取引でも子会社に損害が出ると取締役らが少数株主の代表訴訟によって責任を追及されることもありうる。

(6)

平成一三年一二月の商法改正により、取締役等の責任減免に関する規定が設けられた。

近年一人の取締役では到底支払不能なほど現実離れした額の損害賠償を求める株主代表訴訟が相次いだが、従来の商法では総株主の同意あるときに限り取締役の損害賠償が免除される旨の規定があるだけで（第二六六条五項、ただし、取締役と会社間の取引あるいは利益相反取引については総株主の議決権の三分の二以上の同意（同条六項））、実際上このような同意を得ることは不可能でもあり、取締役の責任限度額に上限を画すべきか問題となっていた。今回の改正は、従来の免除規定はそのまま存続させ、これとは別に株主代表訴訟の場合に限らず、一定の厳格な要件の下に取締役の責任を減免できるとしたもので、その概要は次のようなものである。

1　取締役が善意にして重過失なき場合に限り、総株主の議決権の過半数を有する株主の出席した株主総会において、その議決権の三分の二以上の多数決を要する特別決議で承認されれば、過去の各営業年度中に得た報酬等の合計額の最も高い年度の額の四年分（代表取締役は六年分、社外取締役は二年分）等を責任限度額とし、これを上廻る分を免除することができ（第二六六条七項、一七項、一八項等、第三四三条）、また、あらかじめ定款に、善意にして重過失なき取締役に限り責任原因の事実の内容等の事情を勘案して責任限度額を前同様として、これを上廻る分を取締役会で免除できると定めておけば、具体的案件ごとに取締役会議で免除することができる（第二六六条一二項、一七項、一八項等、第三四三条）。なお、監査役には右のうち社外監査役の責任限度額規定が準用される。（第二八〇条等）。

2　さらに会社が定款をもって社外取締役との間で、取締役の賠償責任につき、善意にして重過失なき場合に限り、定款に定めた範囲であらかじめ定める額か法条所定の金額の合計額のいずれか高い額を限度として賠償の責任を負う旨を約することができると定め、かつ、社外取締役と実際にその契約を結んでおくことによって、社外取締役の責任についてはこの面からも限定が可能となる（第二六六条一九項等）。

3　取締役の責任減免の関係では、かねてより株主代表訴訟における和解が法理論上種々問題とされていたが、今回の改正により、これが制度として認められ、その関係条文が定められた

（第二六八条五項等）。

26 労働法

持株会社制度は労働法上どのような点に注意すべきか

(1) 会社分割法制を利用して持株会社化を図る場合、会社の分割に伴う労働契約の承継等に関する法律（略して「労働契約承継法」）による労働者保護の手続をとらなければならない。ここに労働者契約とは、賃金、労働時間等の基本的労働条件のみならず、労働協約、就業規則、確立された労使慣行等も含む広い意味での労使間の契約関係をいう。

会社は、新設分割にせよ吸収分割にせよ、分割をするときは、分割によって承継される営業に主として従事している労働者及びこれを除く労働者（従として従事するか、他の営業に従事している労働者）で分割によって承継される労働者に対しては、その労働者との労働契約を承継する旨が分割計画書（吸収分割なら分割契約書・以下同じ）等に記載されているか否か等、所定事項を書面で通知しなければならない（同法第二条一項）。また分割会社が労働組合と労働協約を締結していれば、労働組合に対し、その労働協約の承継が分割計画書に記載されているか等、所定事項を書面により通知しなければならない（同条二項）。承継される営業に主として従事する労働者の労働契約が分割計画書に記載されていれば、その労働者の同意を要せず、労働契約は新設会社（吸収分割なら承継会社・以下同じ）に承継される。つまり労働者は分割会社と同じ労働契約のもとに新設会社で働くこととなる（同法第三条）。記載されていない場合は、その労働者が新設会社へ移りたければ異議を申し出ることにより労働契約が承継される（同法第四条）。主として従事していない労働者で、分割計画書にその労働契約が記載されたものの新設会社に移りたくない者は、異議を申し出ることにより分割会社にとどまることができる（同法第五条）。

また、分割会社とその労働組合との労働協約のうち分割計画書等に記載したもの等は新設会社に承継される（同法第六条）。

(2)

持株会社を発足させた場合、一つ問題となるのは持株会社役員は子会社の労働組合員らとの労使交渉に臨まなければならないかである。

使用者は雇用する労働者の代表と団体交渉をすることを正当な理由なく拒むことができない（労働組合法第七条二号）。

この場合、子会社の労働者を雇用するのは子会社であるから、一般的には持株会社には団体交渉に応ずる義務はないといえる。しかしながら、過去の裁判例によると、「雇用主以外の事業主であっても、雇用主から労働者の派遣を受けて自己の業務に従事させ、その労働者の基本的労働条件等について、雇用主と部分的とはいえ同視できる程度に現実的かつ具体的に支配、決定することができる地位にある場合には、その限りにおいて、労働組合法第七条の使用者に当たる」（朝日放送事件についての最高裁判所第三小法廷平成七年二月二八日判決）等、直接雇用関係になくとも「現実的かつ具体的支配関係」にあたることを判断基準として使用者と認められる場合がある。学説もこれを支持している。

そこで、持株会社と子会社労働者との関係をこの判断基準に照らしたとき、持株会社側に使用者性が認められる場合もありえよう。その場合は使用者すなわち持株会社の経営陣は子会社の労働者代表との団体交渉に臨まなければならないことになる。

(3) 持株会社に使用者性が認められうるのは、子会社労働組合代表との団体交渉の場合のみでなく、差別的取扱い（前同条一号、四号）や支配介入（同条三号）などの不当労働行為の場合も同じであるから注意すべきである。

(4) 持株会社を中心とするグループ企業間の出向、転籍は労働者にとって大きな関心事である。出向とは従前の雇用関係を維持しながら他の会社の指揮監督下で労務提供するもので、転籍は従前の雇用関係を解消し、移籍先の会社で雇用契約を新たに結ぶものである。いずれも使用者が労働者に対する権利を第三者に譲渡する場合であり、労働者の承諾がなければならない（民法第六二五条）。

この関係で、グループ会社間では一時に大勢の出向や転籍が繰り返されており、いちいち労働者から個別に承諾を取りつけておかなければならないのは煩雑であるから、これを回避できないかが問題とされる。これについては、転籍はグループ会社間での移動とはいえ、労働者にとってはこれまでの会社との雇用契約を解消して全く新たに雇用契約を締結する一身上の重要な変動事項であるから、個別の承諾を不要とすることはできない。しかし出向の場合は、雇用契約は従前のままであることから就業規則や労働協約において、出向先、出向期間、賃金等出向の諸条件が制度として明確になっていれば、労働者の個別の承諾がなくても労働者には出向義務が生ずると解されている。

27 各種業法

いわゆる規制産業を子会社にもつことはできるか

(1) いわゆる規制産業とは、その活動にさまざまな規制が加えられている産業である。たとえば、前出「金融持株会社」で述べた金融関係の事業はもとより、電気、ガスなどエネルギーの事業、鉄道、運送等の事業、医薬品等薬事関係の事業、その他産業経済の基盤をなす事業や国民生活に直結する事業などで、国をはじめ公の機関による監督を必要とするものである。

規制の態様も参入制限、価格規制、取引制限、兼業制限、監督調査など多岐にわたっている。

(2)　ここでは、そのうちの参入制限の問題、つまり規制産業を子会社にもつことができるかについて検討してみる。

参入制限は、具体的には事業を開始するにあたって主務大臣からの許可等を要する形で行われている。金融関係以外でも、たとえば、鉄道事業は国土交通大臣の許可（鉄道事業法第三条）、電気事業、ガス事業等は経済産業大臣の許可（電気事業法第三条、ガス事業法第三条）、医薬品製造業は厚生労働大臣の許可（薬事法第一二条）、製造たばこの輸入販売、卸売、塩の製造、特定販売、卸売等はそれぞれ財務大臣の登録（たばこ事業法第一一条、第二〇条、塩事業法第五条、第一六条、第一九条）を要するなど各業法で、許可、登録を要するとされる。そして、これらの事業については、先に述べたようにさらに各種の規制に服するのである。

それでは持株会社がこれらの規制産業の会社を子会社として支配下に置く場合、持株会社自体には何らの規制を要しないと考えてよいであろうか。これについては規制の趣旨から検討する必要がある。万一、許認可を認められないような会社が資金力だけを背景に免許等を有する会社を子会社にもつようなことは避けられねばならないからである。

このような持株会社に対する規制のあり方について「金融持株会社」の場合は、銀行持株会社、保険持株会社、証券持株会社によって規制に強弱がある。他の規制産業の場合、企業再編による事業会社の変動については規制があっても（たとえば電気事業法第一〇条、ガス事業法第一〇条など）、その持株会社を規制する業法はいまだないようであるが、今後業種によっては検討が加えられて法規制されるであろう。

ちなみに、平成九年に日本電信電話株式会社法が改正されて、同社すなわちＮＴＴは持株会社となり、東日本電信電話株式会社（ＮＴＴ東日本）と西日本電信電話株式会社（ＮＴＴ西日本）の現業子会社を持つこととなったが、現業子会社のみならず持株会社の方も国策会社として強い法規制を受けている。

第三節　企業グループ経営の税務

28　運営と課税

持株会社運営上、どのような課税問題があるか

現行税法を前提とする限り、持株会社の各事業年度における課税は、通常の親子会社間における課税問題と基本的に異なるところはない。ただ、差異があるとしたら、純粋持株会社は事業兼営持株会社と違って、事業に係る課税所得の発生する余地があまりないことくらいかもしれない。

(1)　持株会社の損益構造

持株会社の損益構造として予想されるものは

①　収益面では、主要なものは何と言っても傘下の子会社からの受取配当金であろう。

次に、傘下の子会社のための次のような、各種サービスの提供に対する対価収入が考えられる。

●債務保証に対する保証料

図 4-6

P/L

借方	貸方
サービス費用（外注費，人件費）	受取配当金
維持費用（人件費，賃借費）	
グループの管理費用等（〃）	
当期利益（支払配当の源資）	サービス提供収入
	子会社負担金収入

- 情報提供に対する対価
- 経営指導に対する対価
- 所有不動産などの賃借料など

さらに、持株会社自体の維持および持株会社の行うグループ全体ないしは子会社の管理のための費用負担収入も考えられる。これは明確に子会社に負担を求めるのか、それとも受取配当金と株主に支払う支払配当金との差額として実質的に徴収するのかはともかく、必ず調達しなければならない資金であることは確かである。

② 費用としては、次のようなものが発生するであろう。

- サービス提供に要する費用
- 持株会社維持のために必要な費用
- グループないしは子会社の維持管理のために要する費用

以上を損益計算書（P／L）の形で示せば、図4-6のようになる。持株会社の収入のほとんどを受取配当金が占める場合には、税務上、受取配当金益不算入の制度により、法人税の負担はあまり発生しないということになる（受取配当は一部益金算入となる場合もある）。

(2) 会館建設金の負担

ここで、将来起こりうる可能性のある事例を一つ取り上げて検討してみる。

「持株会社を中核とするグループのCIの一環とした会館建設をめぐる子会社の資金負担と課税関係」

検討

まず、会館の所有を誰にするかによっていくつかのパターンが考えられる。

① 持株会社が所有する。
② 各子会社で出資して設立した管理会社の所有とする（出資金を原資として）。
③ 各子会社において人格なき社団を設立し社団の所有とする。
④ 各子会社が民法上の任意組合を結成し、組合の所有とする。

以上のパターンごとに、子会社の負担する会館建設資金の税務上の取扱いおよび問題点を整理してみると表4-4のようになる。

表 4-4

所有形態	資金負担の税務上の取扱い	問題点
(1) 持株会社	繰延資産 (共同的施設の設置又は改良に要する費用負担)	●負担金を受領した持株会社においては，法人税の課税がなされるため，実質的な会館建設資金は半減してしまう。 ●現在のグループ子会社と将来子会社の資金負担のバランス問題。
(2) 管理会社 (共同出資で設立)	出資金	出資した各子会社は，管理会社の株式を保有することになり，株式を巡る問題は残る。
(3) 人格なき社団等	繰延資産	資金を負担する現在のグループ子会社と将来のグループ子会社との資金負担のバランス問題。
(4) 任意組合	不動産（土地建物等)	●グループ各社の共有所有ということとなり，権利関係が複雑となる。 ●将来にわたって維持運営することが困難となるおそれがある。

(3) 持株会社の運営と消費税

消費税は、国内において事業者が事業として対価を得て行う資産の譲渡、資産の貸付け、役務の提供に対して課税される。先述したように、持株会社の収益の主たるものが受取配当金だとすると、受取配当金は株主たる地位に基づいて、出資に対して配当又は分配として受けるものであるから、消費税の課税対象である資産の譲渡、資産の貸付け、役務の提供のいずれにも該当しない。よって、受取配当金は消費税の課税対象外となり課税されない。

また、逆に持株会社が株主に支払う支払配当金も当然に課税対象とならないため仕入税額控除も発生しない。以上、子会社に対するサービス提供等を除けば、持株会社の運営において消費税が課される余地はあまりないと言える。

29 企業支配株式
持株会社が所有する企業支配株式の税務上の取扱い

(1) 企業支配株式の取得

「企業支配株式」という言葉は、法人税法に「株式会社の特殊関係株主等がその株式会社の発行済株式総数の二〇％以上に相当する数の株式を有する場合における当該特殊関係株主等の有するその株式をいう（法令一一九条二項二号）」と定義されている。それは、子会社の場合が所有割合五〇％超となっているのに比しても企業支配株式の方がその範囲が広い。

独禁法における持株会社の定義（子会社株式の取得価額が総資産の五〇％超である会社）からすれば、持株会社の所有する株式のすべてが企業支配株式に該当すると言える。持株会社における事業展開で他の企業株式を買収することは、その事業目的からして十分に考えられるところである。そして、買収にあたって、買手と売手、双方の事情によっては、通常の取引価額（税実務上は、法基通九-一-一三および九-一-一四によって算定された価額）を超える対価でもって取得するというケースも往々にしてある。この取得対価のうち、通常の取引価額を超える部分（企業支配に係る対価）については、税務上どのように取り扱われているかを含め、企業支配株式についての取扱いを、以下、検討してみる。

(2) 企業支配株式に対する税法上の特別規定

（1） 企業支配株式は、上場株式であっても、単に価額が著しく低下しただけでは評価減ができず、その株式を発行する会社の資産状態が著しく悪化したことが、評価減のできる要件となっている（法令68二、ロ）。

（2） （1）の評価減をするに当たっての時価は、その株式の通常の価額に企業支配に係る対価の額を加算した額としなければならない（法基通九-一-一五）。つまり、企業支配株式の時価は、通常の取引価額（時価）に企業支配のための対価を加えた合計額である。そして、企業支配のための対価相当額は、営業権のように損金算入は認められないということである。

税法上は以上のように規定されているが、実際の実務においては、通常の取引価額と企業支配の対価との間の線引きはそれ程簡単な問題ではない。というのも、未公開株式においては、通達に規定はあるもののこの通常の取引価額そのものが必ずしも明確となっているわけではないからである。

企業支配株式の時価	
	企業支配の対価
	通常取引価額

(3) 企業支配のための対価

次に、企業支配のための対価とは何かについて、若干検討しておく。

(1) 新規に企業支配株式を取得する時だけに生じるのか。

企業支配に係る対価の額は新規に企業支配株式とするために取得する時のみならず、追加取得をする場合においても生じうると考えられる。

(2) 増資新株引受けの場合にも生じるか。

株式買収の場合のみならず、企業支配の意図をもって通常の取引価額を超える対価でもって増資新株の引受けをした場合も企業支配の対価となる。ただし、業績悪化した子会社の救済を目的とした増資払込みは、たとえ超過対価部分があったとしても、企業支配に係る対価には該当しない。

(4) 持株会社の所有する子会社株式の評価方法

税務上、有価証券の評価方法は次のようになっている。

有価証券を次の三つに区分し、その後にそれぞれの銘柄ごとに移動平均法又は総平均法の選択ができる。

三つの区分とは、①売買目的有価証券、②満期保有目的等有価証券、③その他有価証券である。持株会社の有する子会社株式は、図4-7のように満期保有目的等有価証券に該当するが、評価方法は銘柄ごとの選択のため子会社ごとに選定することができる。

なお、有価証券の期末評価は次のとおりである。

① 売買目的有価証券については時価評価し、洗替方式により評価損益を益金の額又は損金の額に算入する。

② 満期保有目的等有価証券については、償還期限と償還金額のあるもの（転換社債を除く）は、帳簿価額と償還金額との差額をその取得時から償還時までの期間に配分して、益金の額または損金の額に算入することとなる。企業支配株式を含めたそれ以外のものについては、その期末帳簿価額をもって期末評価額とされる。

③ その他有価証券については、その期末帳簿価額をもって期末評価額とされる。

図 4-7　有価証券の評価方法と期末評価

	＜有価証券の区分＞	＜評価方法＞	＜期末評価＞
	売買目的有価証券（企業支配株式を除く）	移動平均法又は総平均法	時価法
売買目的外有価証券	満期保有目的等有価証券（企業支配株式を含む）	移動平均法又は総平均法	原価法（ただし，償還期限及び償還金額の定めのあるものについては償却原価法）
売買目的外有価証券	その他有価証券	移動平均法又は総平均法	原価法（ただし，償還期限及び償還金額の定めのあるものについては償却原価法）

30 ファイナンス機能

持株会社のファイナンス機能には税務上どのような問題があるか

持株会社の重要な業務の一つとして、傘下子会社に対するファイナンス機能があるが、このファイナンスに伴う課税問題について以下、検討してみる。

(1) 無利息ないし低利融資と課税関係

持株会社が傘下の子会社に対し、無利息ないしは低利の貸付をした場合、税務上の取扱いは、原則として、通常の利息相当額と実際に収受している利息との差額が子会社に対する寄付金として認定される。

以上の税務処理を仕訳で示すと次のようになる。

親会社（持株会社）

（借）寄付金　×××　（貸）受取利息　×××

子会社

（借）支払利息　×××　　（貸）受贈益　×××

このように、子会社においては課税関係は生じず、結果として、親会社である持株会社においてのみ課税関係が生じることになる（寄付金には損金算入限度額があるため）。

ただし、公開している持株会社株式を傘下の子会社に防戦買いしてもらうために資金を無利息で融資したような場合（子会社が親会社株式を取得することとなり商法違反ではあるが）、税務上は、防戦買いが親会社の側の要請に基づくものであるとの実質的な判断から、無利息貸付であっても、相当の理由があるものとして、寄付金の認定課税の問題は生じない。

また、業績不振の子会社に対する合理的再建計画に基づいて行う無利息貸付も、貸付側に相当の理由があるものとして課税は生じさせないこととなっている（法基通九-四-二）。なお、消費税は、利子を対価とする資産の貸付は非課税取引とされているので（消費税法六①）、低利貸付に伴う利息の授受についても課税は生じない。

(2) 融資に伴う利率の決定

持株会社の資金調達コストとファイナンスを受ける子会社の負担する資金コストは同じでなければならないのか。ところで、無利息融資に伴う経済的利益の評価は、融資する側の持株会社の立場で考えるのか、それとも、融資を受ける子会社の立場で考えるのかという点であるが、持株会社から子会社への無利息貸付による経済的利益が認定された場合、前述したように、課税関係が生じるのは融資する側の持株会社の側だけである。よって、経済的利益の評価は、融資をする側の立場でなされるべきであろう。では、融資する側の持株会社の立場で考えた場合、貸付利率は、持株会社における貸付資金の調達方法によって次の二つが考えられる。

① 自己資金を貸し付ける場合

持株会社が当該資金を別途に運用できなかったことにより失った利益（機会損失という）で算定されるべきとする考え方である。たとえば、定期預金をした場合と同程度の利息を徴収していれば、持株会社によっては機会損失はなく問題ないと言えよう。もっとも、この定期預金の利率も常に一定というわけではなく、実勢利率により変化することはさしつかえないものと思う。

② 他から調達した資金を貸し付ける場合

金融機関から借り入れた資金をそのまま子会社へ転貸するような場合は、当該借入利率で融資が行われるべきである。これは、子会社が金融機関から直接借り入れた場合と基本的に異なるのは疑問であり、また、融資する側からすれば、転貸によって損失が発生するのも経済合理性に欠ける。もし、経済的損失を蒙ってまで転貸するとしたら、そこには寄付行為などの意図があったと認定されてもやむをえないところである。

以上のように、理論的には資金調達の方法によって、貸付利率は異なると考えられるが、現実問題として、いわゆるお金に色は付いてないと言われるように、自己資金、借入資金のいずれの資金を融資したのか、必ずしもひもつき関係は明確でない場合が多い。そこで一つの基準として商事法定利率の六%というのが考えられるが、これも定期預金などの利率がこれに近似しているような時は一つの目安となろうが、最近のような低金利時代には必ずしも目安とはならない。したがって、自己の資金調達コスト及び社会の金利情勢等を総合的に勘案した上で、貸付利率を決定するしかないのではないか、そして、それが社会通念上著しく経済合理性を欠くものでない限りは課税上も問題ないものと思われる。

(3) 子会社に対する債務保証と保証料

持株会社が融資することに代えて、子会社が金融機関から直接融資を受ける場合、親会社である持株会社の債務保証または担保提供が融資の条件となっていることがある。この場合、子会社において、信用保証機関等の第三者に保証料を支払うのと同様、その適正額を持株会社に支払っている場合にはなんら問題はない。しかし、この保証料相当額を収受しなかった時、子会社に対する経済的利益の供与があったとして寄付金の認定課税が行われるかという問題がある。理論上は、第三者に保証等をしたならば、通常は適正な保証料等の対価の収受が行われるであろうから、それを収受していないということは経済的利益の供与があったと考えることもできよう。しかし、保証した側においてなんらかの機会損失も発生しているわけではなく、また、子会社の側においても保証料を免除してもらうことによる利益享受の感覚も薄いことなどが根拠となっているかはともかく、現在、税の実務において寄付金の認定課税が行われるとは聞いていない。

31 相続税対策
持株会社は株価にどう影響するか

(1) 持株会社株式の評価ルール

相続税法上、持株会社が未公開会社の場合、従業員数、総資産及び取引金額を基準として「会社区分」が設けられている。そして、その大・中・小会社区分に応じて、総資産（相続税評価）に占める株式等の割合によって「株式保有特定会社」に該当するか否かが判定される。ちなみに、大会社においては、その割合が二五％以上、中会社、小会社では五〇％以上となっている。したがって、持株会社の場合、会社区分に関係なくほとんどが「株式保有特定会社」に該当することになる。株式保有特定会社に該当した場合の株式評価は原則として純資産価額方式による（ただし、納税者の選択により簡便な方式も認められている）。

(2) 株価への影響

持株会社（A社）を設立することによって、個人株主の財産はB社株式から持株会社であるA社株式へと変化する。したがって従前のB社株式と持株会社A社株式との評価額を比較し、持株会社の設立が相続株価にどのような影響があるか、株式移転によって持株会社を設立したケースを例にとって検討する。

ケース1　B社株式評価方式——類似業種比準価額

持株会社であるA社株式の純資産価額算定上、B社株式は類似業種比準価額で算定されるが、その類似業種比準価額と取得価額ないしは簿価純資産（株式移転時の非課税要件の一つ）との差額については税額控除が適用されるため、その分だけB社株式を直接所有していた時に比して評価額が引き下げられることとなる。このように、従前の株式評価が類似業種比準価額で算定されていた場合には、持株会社を設立しただけで評価額の相違が生じることになる。そこで、財産評価基本通達の改正により低額現物出資等の際の帳簿価額の修正（評基通一八六-(二)括弧書き）が適用されることとなり、結果として評価額に差異が生じないよう手当てされた。

ケース2　B社株式評価方式——純資産価額

持株会社であるA社株式の純資産価額算定上、B社株式は含み益に対する税額控除は適用されないで評価されるため（もちろん持株会社であるA社株式の評価上は税額控除は適用される）、従来のB社株式の評価（税額控除適用後）とA社株式の評価額は基本的には同額となるはずである。ところがケース1の通達改正が行われたことにより、結果的に税額控除が認められず、従前のB社株式評価より高額となってしまうという矛盾が生じてしまった。この点は早急に何らかの改善の手当てが必要であ

図 4-8

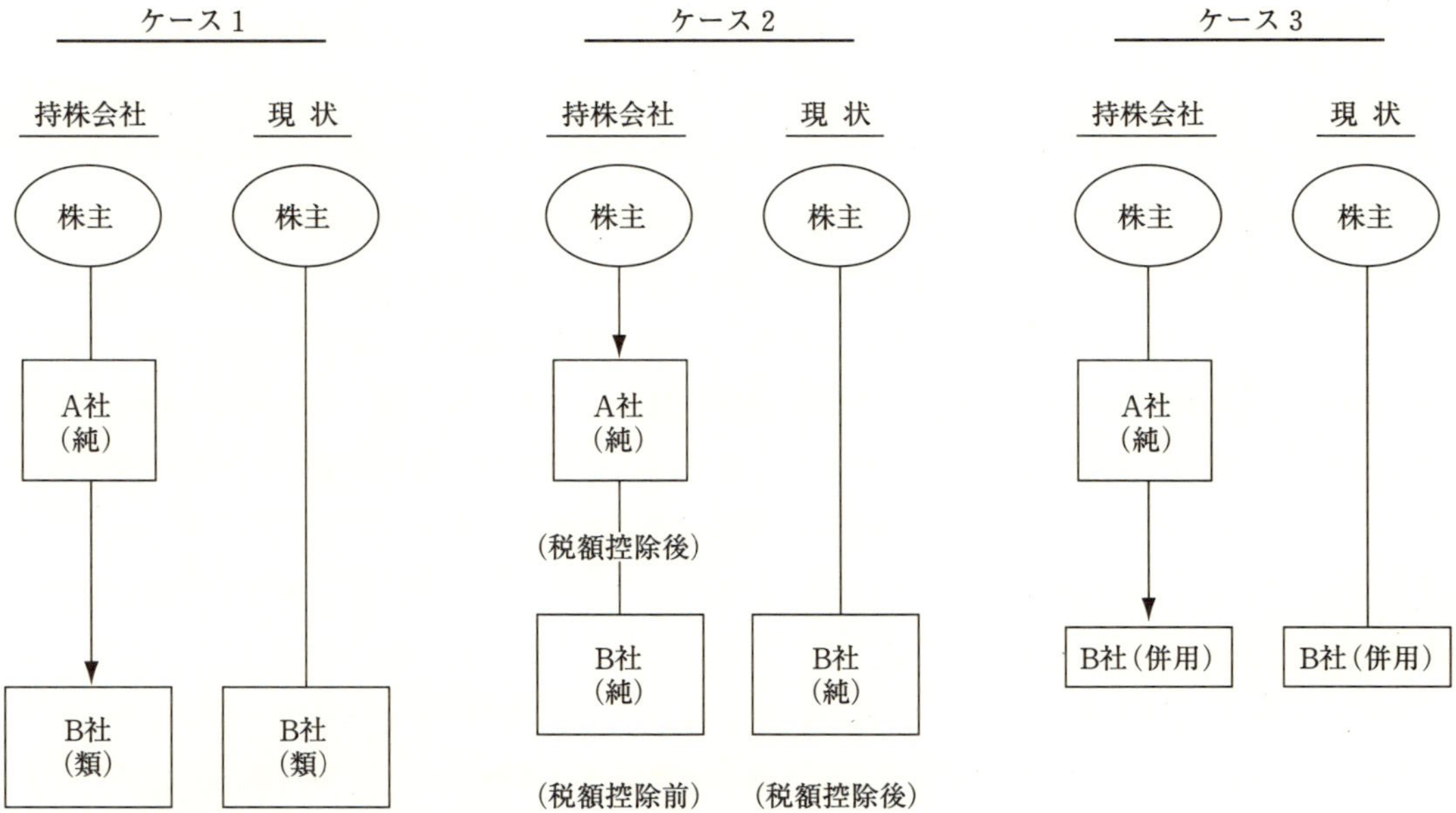

(注) 類＝類似業種比準価額
純＝純資産価額
併用＝類似業種比準価額と純資産価額の併用価額

ろう。

ケース3　B社株式評価方式――併用方式

B社株式の評価方式が、類似業種比準価額と純資産価額との併用方式によって評価されている場合には、すでに述べたケース1とケース2との混合と考えられる。ケース2で述べた問題点は同様である。

以上は簡略化するために三つのケースについて基本的な考え方を中心に検討してみたが、実際には、B社の下にさらに子会社（A社から見れば孫会社）がある場合や、さらには抜殻方式によって持株会社を設立したような場合には、業種区分の変更などにも気をつけなければならない。このように、持株会社となる会社が未公開会社の場合、実際の持株会社導入にあたっては個々の会社の事情を十分に考慮し、事前に相続株価への影響を検討しておく必要がある。

ところで、以上はすべてのケースで持株会社は「株式保有特定会社」に該当することを前提にしているが、たとえば従来、傘下の子会社に対する融資を持株会社に集中させることにより持株会社の総資産を増やすなどし、総資産に占める株式割合を低下させて、持株会社それ自身を「株式保有特定会社」に該当しないようにすればよいという対策が言われたりしていた。

実は、税務当局はこの点は百も承知しており、課税時期前に合理的な理由もなく資産構成に変動があり、それが「株式保有特定会社」と判定されることを免れるためのものと認められる時は、その変動はなかったものとされている。

したがって、前述したような対策が認められる場合もあろうし、また認められない場合もあろう。設計は完璧でも施工に失敗することはよくあることである。それが税の実務というものである。よって、このような対策の実行に当たっては十分に留意する必要がある。

第四節　持株会社と連結納税制度の関係

32　持株会社と連結納税制度

持株会社と連結納税制度はどのような関係にあるのか

先に述べたように平成九年に純粋持株会社が解禁されたわけであるが、この純粋持株会社は従来の中央集権型の組織とは異なり、意思決定のスピードが速く、国際的な競争力を確保するための機動的な組織の再編を可能にするということでも大きな意味を持つことになる。

このような持株会社組織へ既に移行した会社又は今後移行を検討している会社は相当多いようであるが、連結納税制度が導入されないまま持株会社に移行すると、税務上不利になる場合がある。以下に会社分割の場合の簡単な例を示す。

この例では、三つの事業部門をもつ会社を三つの会社に分割した場合、つまり会社分割前の事業部制、会社分割後の連結納税導入前、会社分割後の連結納税導入後の三通りの場合の課税所得と納税額を示してある。

図 4-9　会社分割と連結納税制度

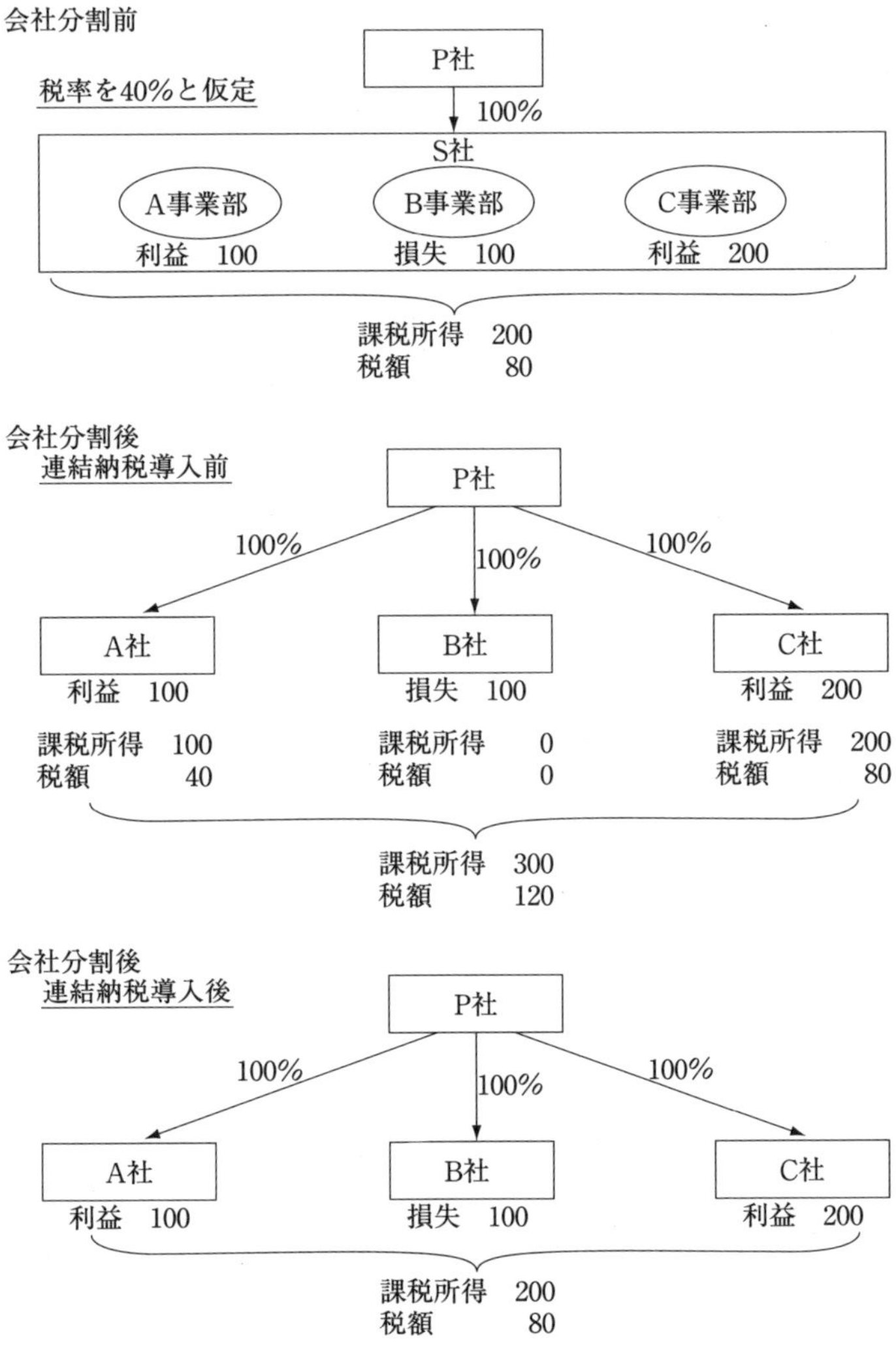

この例は、グループが持株会社を設立し会社を分割して企業再編を行ったものであるが、個々の部門ないしは子会社の損益は同じであるがグループ全体で納める税金の額が、事業の形態や制度によって異なることになる。

個別単体課税の下では、当然A事業部、B事業部、C事業部の部門間の損益は通算されるが、分割後、連結納税が適用されなければ、個別単体課税の下、A社、B社、C社はそれぞれ別法人のため、個別の課税となり結果として税額が増加することになる。

連結納税制度が適用される場合は、B社の欠損金を他のA社、C社の課税所得と通算することが可能となり、会社分割前の納税額と同じ額になる。

このように、企業グループを一つの課税体とする連結納税制度を適用することによって課税の中立性は保たれ分社化に伴う税制上の不利も解消されることになる。

33 連結納税制度の概要

日本で採用された連結納税制度の特徴は何か

(1) 平成一四年度導入の背景

紆余曲折のあった連結納税制度の導入であるが、与党3党による平成一四年度の税制改正大綱において、いよいよ日本でも平成一四年度の連結納税制度の創設が明記された。平成九年の独禁法の改正による純粋持株会社の解禁を皮切りに、ここ数年、合併手続の簡素化・合理化、株式交換・株式移転、会社分割と次々に新しい法制が制度化されてきている。法人税制においても、このような法制の制度化に伴い累次にわたる税負担の軽減と企業組織再編税制の整備等を積極的に行い、企業活力の向上と経営のしやすい組織の再編、統合を行うことができる環境作りが進められてきた。こうした中、企業の国際競争力を維持・強化し、持株会社を中心とした企業合併や分割による機動的な組織再編を促していくために不可欠な手段として、連結納税制度の導入が強く切望されてきたのである。

(2) 連結納税制度の基本的考え方

連結納税制度は、企業グループの一体性に着目し、企業グループ内の個々の法人の所得と欠損を通算して所得を計算するなど、企業グループをあたかも一つの法人であるかのように捉えて法人税を課税する仕組みである。つまり、グループ内の各法人の損益は通算されるとともに、一定のグループ内の資産等の取引にかかる未実現損益も繰り延べられることになる。

これは、純粋持株会社に所有される企業グループのように、一体性をもって経営され実質的に一つの法人とみることができる実態を持つ企業グループについては、個々の法人を納税単位として課税するよりも、グループ全体を一つの納税単位として課税するほうが、その実態に即した適正な課税が実現されるという基本的考え方に立っている。

(3) 諸外国における連結納税制度

欧米を中心とした諸外国で行われている連結納税制度には大きく分けて所得通算型と損益振替型の二つの類型がある。所得通算型は連結グループに属する子会社損益を親会社損益に合算して連結課税所得と連結納税額を計算する方法で、アメリカやフランス、オランダ等で採用されている方法である。一方、損益振替型は、グループに属する個別会社の損益を他の個別会社に振り替えて、振替後の各個別会社の所得に対し納税額を計算する方法である。この方法はイギリスやドイツ等で採用されている。

このように、諸外国の連結納税制度では、グループ各社の所得と欠損を通算した所得に対して課税を行うこと、グループ内の法人間の一定の取引から生じる損益の計上の繰延べを行うこと等の点では共通性が見られるが、連結納税制度の仕組みとしては、基礎となっている単体法人に対する課税制度の違いや連結納税制度が採用された歴史的経緯等からそれぞれ異なったものとなっており、連結財務諸表制度のような統一性は見られない。平成一三年度の政府税制調査会の答申では、企業集団の一体性に着目して制度を構築するという理念の下、アメリカにおいて導入されているような本格的な連結納税制度の導入に向けた検討を進めているとの記述があり、イギリスのグループ・リリーフやドイツのオルガンシャフトのような損益振替型ではなく、アメリカで導入されているような本格的な所得通算型の連結納税制度が検討されてきた。このように日本における連結納税制度は単体法人に対する課税制度と整合性があり、かつ、日本の企業・経済の実態等に合致した連結納税制度を構築するという考え方が基礎となっている。

(4) 連結納税制度のメリットとデメリット

連結納税制度のメリットとしては、連結納税の対象となる企業グループ内の法人間での損益通算による課税所得の減少、未実現損益の繰延べによる課税の繰延べがあり、デメリットとして、連結納税を選択した場合の適用開始時や連結グループへの加入時における子会社等の時価評価や繰越欠損金の取扱い、さらには事務負担の増大等が指摘されている。

連結納税制度の国の財政・経済環境に与えるポジティブなインパクトとしては、連結納税制度導入の本来の目的でもある企業の組織形態及び組織再編に対する税制の中立性の維持、企業分割等の企業再編の促進による企業の活性化があげられる。また、経済の急速な国際化の進展及び資金調達のグローバル化に伴う、連結決算ベースの企業業績への関心の高まりが報ぜられている今日の経済環境において、日本企業の国際競争力の維持・向上に対する効果も期待されている。

しかしながら、昨今の経済状況からは、企業の活性化による経済的効果よりは、連結納税制度導入による税収減が国の財政に対して大きな影響を及ぼす点が取り上げられ、基本的な制度設計をめぐる議論に重要な影響を及ぼしている。すなわち連結納税を選択した納税者の税負担が軽減される結果、全体として巨額の法人税収減を招くのではないかということから、連結納税制度導入にあたり租税特別措置法等の整理による法人課税ベースの見直し、連結付加税の創設等が実施されることとなる。

(5) 連結納税制度の適用開始時等における取扱い

連結納税制度においては、連結納税制度の適用開始時や連結グループの加入時における子会社等の時価評価や繰越欠損金、さらには連結付加税の取扱いが、連結納税制度を適用するか否かの最大の焦点になると思われる。

(a) 適用開始時等における時価評価

まず時価評価を行うということについてであるが、連結納税制度の適用を開始または連結グループへ加入するということは、従来の個別単体課税制度から連結納税制度へと課税体系が移動することを意味し、その際に何らかの課税関係の清算が必要だという考え方によるものである。このような課税関係の清算という考え方から連結納税制度の適用開始や加入時には時価評価による評価益、評価損の計上を行うことが必要になる。

また、離脱に関しても同様に連結納税制度から個別単体課税制度へという課税体系の移動という考え方があるが、離脱の際は時価評価の計上は不要となっている。

時価評価の対象になるのは連結納税制度の適用を受けるグループ内法人の固定資産、土地等、金銭債権、売買目的有価証券を除く有価証券または繰延資産である。これらの資産については、直前の事業年度において、時価評価により評価益、評価損の計上が必要となる。ただし、これらの資産のうちその含み損益が資本等の金額の二分の一または一〇〇〇万円のいずれか少ない金額に満たないものは除かれる。また以下の法人についても、資産の時価評価による評価損益の計上が除かれる。

① 親会社
② 株式移動に係る完全子会社
③ 親会社に長期（五年超）保有されている一〇〇%子会社
④ 親会社又は一〇〇%子会社により設立された一〇〇%子会社
⑤ 適格合併に係る被合併法人が長期保有していた一〇〇%子会社でその適格合併により親会社の一〇〇%子会社となったもの等
⑥ 法令の規定に基づく株式の買取り等により親会社の一〇〇%子会社となったもの
⑦ 株式交換に係る完全子会社（当該完全子会社に長期保有されていた一〇〇%子会社を含む）で一定の要件を満たすもの

(b)　適用開始時等における繰越欠損金の制限

連結納税制度を選択する場合に、子会社が個別単体課税としての申告をしていた年度の繰越欠損金は原則として繰越控除の対象外となる。つまり連結納税制度の適用に当たっては、子会社の連結前繰越欠損金の持込みが厳しく制限されるわけである。

連結納税制度の適用開始前に生じた欠損金額及び連結グループ加入前に生じた欠損金額を、その連結グループで繰越控除することができないことになるが、その法人が親会社である場合や一定の株式移転による一定の子会社の場合等については、連結納税制度の下で連結前繰越欠損金の繰越控除が可能となる。

なお、連結納税制度の適用後に生じた連結欠損金額は、五年間で繰越控除される。連結欠損金額については連結納税制度においてのみ繰越控除するのが適当であるという考え方もあるようだが、連結納税制度の適用を取り止める場合又は連結グループから離脱する場合には、連結欠損金額を適用法人又は離脱する子会社に引き継ぐことが可能である。

(c)　連結付加税の創設

連結納税制度は一体として事業活動を行っている企業グループを一つの課税主体として捉える制度である。つまり事業の形態を変えても実態が変わらなければ税負担も変わらないという税制の中立性を確保する為に導入される制度であるとも言える。したがって連結納税を採用する企業に対して、この連結付加税を課すということは、税制の中立性の問題が残ることになるが、現下の厳しい財政事情を考慮して、連結所得金額に対する税率に付加的に二%が上乗せされることになる。

(6) 連結財務諸表制度との相違

連結財務諸表制度と連結納税制度は、企業集団を親会社を中心とした経済的一体性に着目して捉える点において共通しているが、制度の趣旨及び目的は全く異なったものである。

連結財務諸表制度が、親会社を中心とした企業集団の経営成績や財政状態を株主等の企業の利害関係者に報告するディスクロージャー目的の制度であるのに対し、連結納税制度は企業グループの税負担能力を測定し、適正、公正な課税を実現することを目的としている。したがって、連結納税制度の対象範囲、適用要件、連結所得の計算などその仕組みは、連結財務諸表制度とは異なる別個の制度とする必要がある。

また手続的にも、連結納税制度は、連結財務諸表を作成してから連結納税申告書を作成するのではなく、個別法人の決算書に基づいた個別所得金額を基に連結納税のための所要の調整をした後、連結納税所得を計算して連結納税申告書は作成されることになる。

34 連結納税制度の仕組み

連結納税額算定ルールはどのような仕組みになっているのか

(1) 連結納税制度の適用対象法人

連結納税制度の適用対象法人は商法上の株式会社だけではなく、有限会社や合名会社、合資会社さらには生命保険会社等の相互会社についても、これらの会社が全所得について法人税の納税義務を負う内国法人であれば、連結納税制度の適用対象法人になる。親会社については、内国法人である親会社との規定があり、普通法人のみならず、協同組合等でも可能であるが、子会社は普通法人に限られる。

(2) 連結対象子会社の範囲

連結対象子会社の範囲は、発行済株主の全部を直接又は間接に保有されるすべての内国法人である一〇〇%子会社となる。これは子会社の少数株主が子会社固有の繰越欠損金の控除のメリットを受けられなくなるという少数株主保護の問題から、一〇〇%に限定していると思われる。なお、ストック・オプションや従業員持株会による株式の保有等に対処するため、一定のものについては前述の持分割合の判定から除外されている。

連結納税制度は、その制度の適用については選択が可能となるが、連結納税制度を選択した場合、連結納税制度の対象となる該当子会社の加入に任意選択が可能となるかが問題となる。欧米主要国の所得通算型を採用する国々では、アメリカを除いて子会社は任意に制度の加入に対する選択が可能であるが、日本では、租税回避防止の観点からすべての一〇〇%子会社が強制加入となる。

(3) 連結納税制度の適用方法

連結納税制度を適用する場合は、事前に親会社及びグループ内子会社の連名で承認申請書を国税庁長官に提出し、その承認を受けなければならない。

そしてこの連結納税制度を適用する場合には、「33 連結納税制度の概要」で述べたように親会社やグループ内の一定の子会社を除いては資産の時価評価による評価損益を計上する必要がある。

また連結納税制度の適用を取り止める場合は、やむをえない事由がある場合に限られており、事前に国税庁長官の承認を受ける必要がある。このやむをえない事情とは適用時と比較してグループの実態に変化が生じた等の事情が必要であり、税務当局の実態的な審査による承認を要するものと考えられる。

図 4-10　連結所得金額及び連結税額の計算の概要

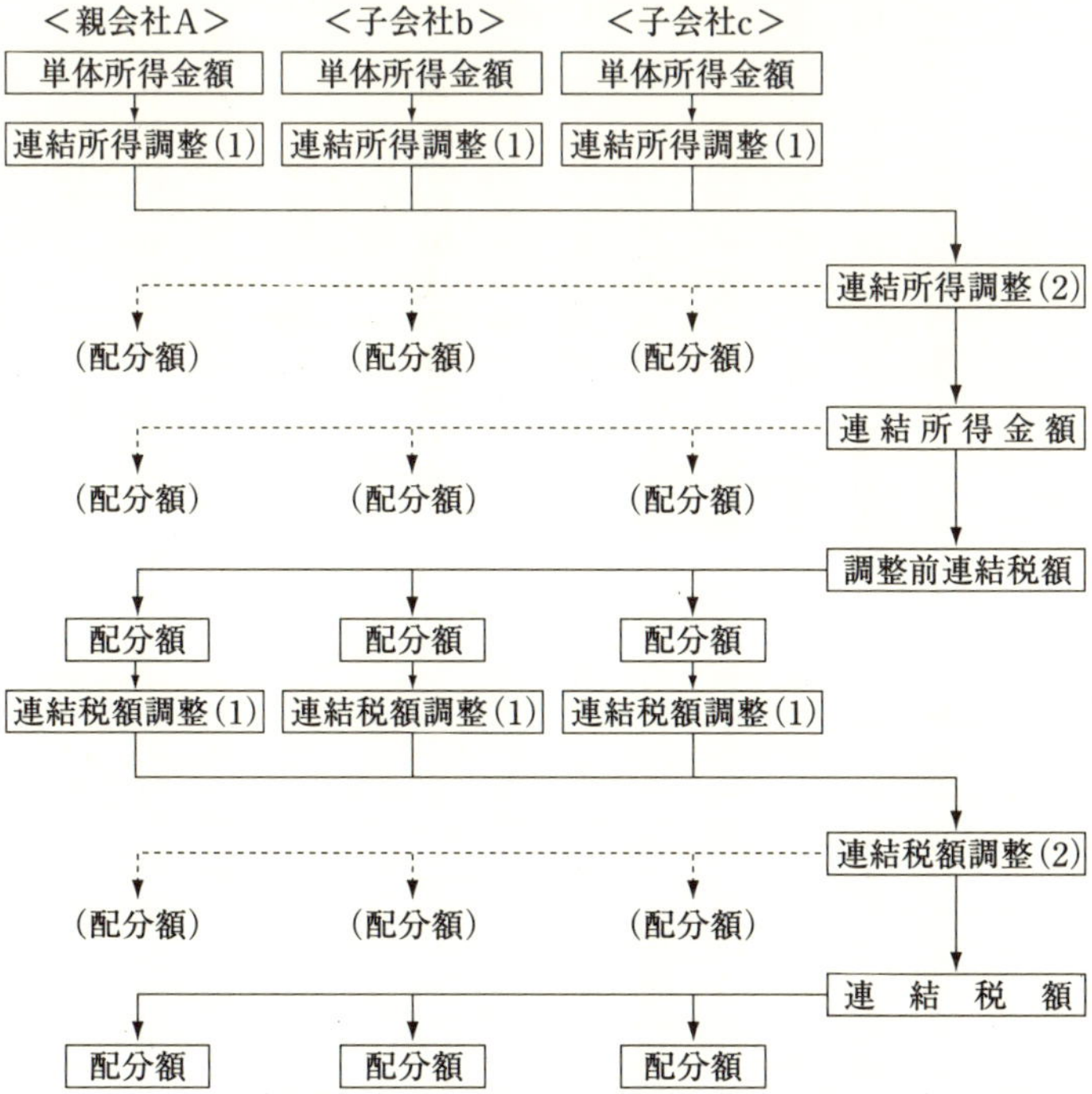

（平成13年6月26日政府税制調査会法人課税小委員会資料）

(4) 連結所得金額及び連結税額

連結納税制度における連結所得金額、連結税額の計算はまず、グループ内各法人の確定決算に基づく個別の単体所得金額に個別申告と同様の計算を行い、所要の調整を加えて算定されることになる。

政府税制調査会法人課税小委員会資料による連結所得金額及び連結税額の計算の概要は以下のとおりである。

この連結所得金額及び連結税額の計算のポイントとしては以

下の四点があげられる。

① 連結所得金額は、連結グループ内の各法人の所得金額を基礎として、個別単体所得ベース及び連結所得ベースに所要の調整を加えた上で、連結グループを一体として計算する。

② 連結税額は、連結所得金額に税額を乗じた金額から各種の税額控除を行って計算する。

③ 連結所得金額及び連結税額の計算の過程においては、所要の調整を行った結果算出される金額等を連結グループ内の各法人に合理的な基準により配分する。

④ 連結税額については、連結グループ内の各法人の個別所得金額又は個別欠損金額を基礎として計算される金額、つまり、納付税額又は還付税額をベースに法定配分方法により配分される。

(5) 連結納税制度における納税義務者等

連結納税制度において算定された連結所得金額による連結税額については、前述したようにグループ内各法人に配分されるのであるが、この場合の配分方法はアメリカで採用されているような選択制ではなく、連結グループ内の各法人の納付税額又は還付税額として計算される金額をベースとした法定配分方法によることになる。

そして、連結納税制度における法人税の申告及び納付は連結納税グループを代表する親会社によって行われ、各子会社は確定申告書ではなく連結所得の個別帰属額等を記載した書類を税務署に提出することになる。しかし、地方税においては連結納税とはならず、従来と同様の各単体法人ごとの課税となる。

法人税の納付は親会社が行い、各子会社は連結所得に対する法人税について連帯納付責任を負う。これは親会社がまず納付義務を負うことになるのだが、その納付義務が果たせない場合には、連帯納付責任を負う各子会社がその子会社の責任額までに留まらず、グループ全体の納税額に対しても納付責任を負うことになる。

また、申告納付期限については各子会社の確定決算を待つこと、連結申告書作成の負担等を考慮し、二カ月の申告期限延長の特例が設けられている。

(6) 連結納税制度における事業年度及び会計処理方法

まず、連結納税制度適用法人の事業年度についてであるが、欧米主要国の所得通算型による連結納税制度の下では、適用法人の連結事業年度は親会社の事業年度に統一することが多いようだが、わが国の連結納税制度においては、親会社の事業年度に合わせたみなし事業年度で行うことになる。

また会計処理方法については、統一の必要性はない。所得通算型を採用する欧米主要国でも、会計処理方法の統一が強制されている国はないようである。

(7) 各個別項目の取扱い

最後に各項目ごとの連結納税制度を導入した場合の取扱いについて述べることにする。連結納税制度は企業グループを一体として課税する仕組みであることから、連結グループ単位で適用すべき項目と個々の制度の趣旨等から各法人個別単位で適用すべき項目とを分けて考える必要がある。留意しなければならない項目としては、受取配当、減価償却、寄付金、圧縮記帳、貸倒引当金、交際費、外国税額控除、特別税額控除等があげられる。

これらの項目につき、そのポイントのみを簡便的にあげると次のようになる。

① 連結グループ内法人の受取配当については、負債利子を控除せず、その全額を益金不算入とする。

② 減価償却については、確定した決算において損金経理により計上することが前提となっていることから、連結グループ内の各法人の個別計算による。

③ 連結グループ内での寄付金はその全額が損金不算入となる。

④ 交換により取得した資産や特定資産の買換え特例の圧縮記帳については、連結グループ内の各法人ごとに適用する。

⑤　貸倒引当金については、連結グループ内の各法人の個別計算による。ただし連結グループ内法人間の金銭債権は繰入限度額計算の対象から除くと共に、一括評価金銭債権の貸倒れ実績率の計算からも除く。

⑥　交際費の損金不算入額は、親会社の資本金額を基に連結グループを一体として計算される。

⑦　外国税額の控除限度額は、連結グループを一体として計算する。

⑧　増加試験研究費の税額控除については、連結グループを一体として適用する。

⑨　設備投資に係る税額控除については、各法人ごとに計算することとし、連結税額の一定額を限度とする。

⑩　同族会社の留保金課税については連結グループを一体として適用する。

第五章　持株会社経営成功の秘訣

▼持株会社とコーポレートガバナンスの源泉

第一章で述べたコーポレートガバナンスの源泉を持株会社で考えた場合、傘下の事業会社設立当初のB／Sの貸方は資本金であり、株式のすべて（ないしはほとんど）は持株会社が所有している。したがって、前述した論理から言えば、設立時だけをとってみれば、持株会社による株式支配が成立する。

しかし、事業活動の拡大とともに、金融機関からの借入金等の他人資本に依存するようになるが、この借入金に対する債務保証や担保提供を持株会社が行っている段階では、持株会社がファイナンスをしていることと結果は同じになる。したがって、実質的にB／Sの貸方（資金提供）はすべて持株会社が拠出したこととなり、持株会社の支配力の行使が可能となる。

次の段階として、傘下の事業会社自体に利益積立金が溜まりだすと、その利益貢献度が問題となってくる。

ところで、現在多くの会社で採用している事業兼営持株会社（親会社）の下における子会社は親会社の業務の一部を担っているにすぎず、子会社の利益は親会社の存在なくしてはありえないという関係にある。この場合には、子会社の利益積立金への貢献は親会社が握っていると言っても過言ではない。

ちなみに、現在の事業兼営持株会社の下における子会社の多くは、ファイナンス（債務保証を含む）、株式所有、利益貢献のすべての資金源泉を親会社である事業兼営持株会社に握られているのだから、社長をはじめとする役員人事権も親会社に握られているのは当然のことである。子会社に独立性など望むべきでない。最近流行りのカンパニー制などを導入してみても、各カンパニーが独立した事業体になるわけではない。

一方、今度導入された純粋持株会社の傘下の子会社は、従前の事業兼営持株会社の下における子会社とは大いに異なり、子会社自体が、より独立性のある会社運営をすることにより、独自で利益貢献を果たすことを求められている。独自で利益積立金に貢献できるようになってくると、優良子会社の経営者たちにもやがて慢心・おごりの気持ちが芽生え出す。経営者の世代が交代すればますますこの傾向が顕著となる。

持株会社の経営者との間で経営方針をめぐって対立するようなことでもあると、「子会社の事業もろくにわからないのに、余計な口出しはするな！」ということになる。

場合によっては、何かと口うるさい持株会社から株を買い取ってしまおう、かと言って子会社の経営者たちは個人的に買取資金など持っていないから、子会社の保有する資金を使って買い取るマネジメント・バイ・アウト（ＭＢＯ）などということに発展する可能性すらある。

では、なぜにこのようなことになるのか。

一言で言えば、どうも人というのは、支配することは好むが、支配されることは好まないということである。

したがって、親会社の言うことを素直に聞く子会社を望むのなら、純粋持株会社による経営など採用すべきではない。その代わりに、各子会社に独自性と活性化を期待するなどという身勝手な欲も捨てなければならない。言い換えれば、親の言うことを素直に聞くおとなしい子供を持ちたいか、それとも親の言うことを素直には聞かないが自立心のある子供を持ちたいのかの違いとも言える。ただ、今日の日本の企業の中にはそんな選択の余地はなく、後者を選択せざるをえない状況に追い込まれている企業が多いのではなかろうか。

▼ 成功への処方箋

では、純粋持株会社の下における子会社とのトラブル発生を未然に防ぐには実務的にどのようにしたらよいのか。その処方箋について考えてみよう。

その処方箋の一つは、「利益積立金を子会社に多く残さない」。ということである。

つまり、子会社の利益積立金はなるべく親会社借入金か資本金へ振り替えてしまうのである。ただ、この方法は子会社経営陣に対し、錯覚を生じさせないためであって、決して、根本的解決方法とはならない。子会社がいくらの利益を上げ、いくらが持株会社へ配当で吸い上げられたかは、子会社経営陣は当然に承知している。

したがって、この処方は副作用としてモラールの低下をきたさないよう配慮が重要となってくる。そのためにも、子会社から資金を全部吸い上げるべきではない。子会社の資金はそのまま子会社に留保し、資金調達源泉だけを調整しておくのである。

もう一つの処方箋は、逆に、子会社が稼ぎ出した利益は、一定の配当などの利益処分をした後、「そのまま利益積立金として子会社に残す」ということである。

優良子会社は、利益積立金が積み上がり、財政基盤が厚くなり、思い切った投資もできるようになる。投資の成果が上がればますます利益積立金が積み上がることになり、企業グループ内での発言力も当然に高まる。親会社にとっては、このような子会社は扱いにくいこともあるかもしれないが、優良子会社の貢献によって連結グループ全体の企業価値が高まれば、親会社の経営者、株主その他のステークホルダー（利害関係者）すべてにとって喜ばしいことである。どう考えるか、どちらの処方箋をとるかは親会社経営者の度量に関わることだと思う。

▼持株会社と経営理念

子供には自立して、たくましく育ってもらいたい。少々の意見の衝突はあっても一つ傘の下で、（一致団結などという理想論は別にしても）強力な企業グループ集団をつくりあげるという持株会社経営を真の意味で成功に導くにはどうしたらよいのか。

そのためには、これまで述べてきたように持株会社の経営者も傘下の子会社を預かる経営者も共に、ファイナンス、株式所有、利益貢献という三つの会社支配力の源泉を常に心に刻んでおくことである。

持株会社と子会社との関係は、ちょうど親が子供を育てる過程とよく似たところがある。子供を生みっぱなしで、何の世話もせず、子供が成長して立派になったら、自分が本当の生みの親だと今さら親の顔をされても子供としては困る。

これと似たところがあって、生みの親である持株会社が子供である子会社が育つ過程でどれだけの犠牲を払ってきたか、いざという時、どれだけ子会社に救助の手を差し伸べてきたかによって親子の絆が培われるのである。

持株会社がグループ経営を成功させるか否かは正にこの点にかかっているのである。それを、資本の論理だけで支配しようなどと、いわば力でねじ伏せようとすれば弱者はいつか対抗する力を貯え、やがて牙をむいて立ち向かってくる、これが自然の摂理である。

この点をゆめゆめ忘れてはならない。

これを忘れた時、持株会社経営は内部から崩壊する。

以上の経営理念の下で、持株会社形態によるグループ経営を行うのであれば、二一世紀に向かって、共生の時代にふさわしい企業集団を形成できるものと確信している。是非、積極的に取り組んでもらいたい。

資料1　持株会社定款の目的記載実例

株式会社ダイエーホールディングコーポレーション

1　有価証券の保有、売買、投資並びに運用業務

2　資産運用及び管理に係わるコンサルティング業務

3　関連各種企業に対する経営指導及び業務受託

4　金銭の貸付、その代理及び貸借の媒介並びに保証

5　特許権、商標権、実用新案権、意匠権及び著作権の取得、貸与並びに売買

6　不動産の賃貸及び売買並びに仲介

7　前各号に付帯する一切の業務

株式会社大和証券グループ本社

1　当会社は、次の業務を営む会社及びこれに相当する業務を営む外国会社の株式を所有することにより、当該会社の事業活動を支配・管理することを目的とする

（1）　証券取引法に規定する証券業

(2) 証券投資信託及び証券投資法人に関する法律に規定する証券投資信託委託業
(3) 証券投資信託及び証券投資法人に関する法律に規定する運用会社又は資産保管会社の業務
(4) 有価証券に係る投資顧問業の規制等に関する法律に規定する投資顧問業又は投資一任契約に係る業務
(5) 前各号のほか、銀行法に規定する銀行業その他金融に関連する業務
(6) 内外経済、金融及び資本市場に関する調査研究及びその受託に係る業務
(7) コンピュータによる計算業務の受託に係る業務
(8) ソフトウェアの開発及び販売に係る業務
(9) 不動産の売買、賃貸借及びその仲介に係る業務
(10) 信託業法に規定する信託業
(11) 生命保険の募集及び損害保険代理店業務
(12) 証券事務処理に係る業務
2 当会社は、前項に付帯する業務を営むことができる

日本電信電話株式会社

1 本会社は、東日本電信電話株式会社及び西日本電信電話株式会社（以下「地域会社」という。）がそれぞれ発行する株式の総数を保有し、地域会社による適切かつ安定的な電気通信役務の提供の確保を図ること並びに電気通信の基盤となる電気通信技術に関する研究を行うことを目的とする

2　本会社は、次の業務を営むものとする

（1）地域会社が発行する株式の引受け及び保有並びに当該株式の株主としての権利の行使をすること

（2）地域会社に対し、必要な助言、あっせんその他の援助を行うこと

（3）電気通信の基盤となる電気通信技術に関する研究を行うこと

（4）前3号の業務に付帯する業務

3　本会社は、前項の業務を営むほか、その目的を達成するために必要な業務を営むことができる

資料2　株式交換契約書（雛形）

○○株式会社（以下甲という）と○○株式会社（以下乙という）は、甲が乙の完全親会社、乙がその完全子会社となるため、次のとおり、株式交換契約を締結する。

第1条（株式交換(注1)）

甲は、乙の発行済株式の総数を有する会社となるため、乙の株主の有する乙の株式は株式交換の日においてすべて甲に移転し、乙の株主は甲が株式交換に際して発行する新株の割当を受けることにより、その日に甲の株主となるものとする。

第2条（定款所定目的の追加(注2)）

甲は、株式交換に際し、定款所定の目的に左記を追加する。

記

○○……

第3条（増加すべき発行する株式総数等(注3)）

甲は、株式交換に際し、発行する普通株式の数を○○株増加して、発行する株式の総数を○○株とする。

第4条（株式交換比率等）
甲は、株式交換に際し、普通株式○○株を新たに発行し、株式交換の日現在の乙の株主名簿に記載された株主に対して、乙の株式一株につき、甲の株式○株の割合をもって割当交付する。（注4）

第5条（増加すべき資本等）
甲は、株式交換にあたり、資本及び資本準備金を左記のとおり増加する。

（1）資本を金○○円増加し、金○○円とする。

（2）資本準備金を、株式交換における甲の資本増加法定限度額から前号の資本増加額を控除した額だけ増加する。（注5）

第6条（株式交換交付金（注6））
甲は、株式交換の日現在の乙の株主名簿に記載された株主に対して、株式交換交付金として、乙の株式一株につき金○○円を、株式交換の日後遅滞なく支払う。

第7条（利益配当（注7）・中間配当）
甲は、平成○年○月○日現在の最終の株主名簿（実質株主名簿を含む。）に記載された株主または登録質権者に対し、一株当り金○○円総額金○○円を限度として利益配当を行なう。

2 乙は、平成○年○月○日現在の最終の株主名簿（実質株主名簿を含む。）に記載された株主または登録質権者に対し、一株当り金○○円総額金○○円を限度として中間配当を行なう。

第8条（株式交換承認総会）

甲及び乙は、平成○年○月○日に、それぞれ株主総会を開催し、本株式交換契約書の承認決議及びその実行に必要な事項につき決議を経るものとする。

第9条（株式交換の日）

株式交換の日は、平成○年○月○日とする。

第10条（役員の任期）(注8)

甲の取締役、監査役で株式交換前に就職したものは、株式交換後最初に到来する決算期に関する定期株主総会の終結の時に退任せず、本来の任期満了まで在任する。

第11条（解除の留保）(注9)

本契約は、株式交換日迄に甲、乙の資産状態の変動等により適法な株式交換ができなくなった場合、第8条にいう甲及び乙の株主総会の承認が得られなかった場合または関係官庁の承認が得られなかった場合には、解除され効力を失う。

第12条（協議事項）
本契約に定めのない事項については、甲乙協議の上これを決する。

以上契約の成立を証するため、本書二通を作成し、甲、乙それぞれ署名押印の上、各一通ずつ保有する。

平成○年○月○日

甲　住　所
○○株式会社
代表取締役○○　印

乙　住　所
○○株式会社
代表取締役○○　印

（注1）株主に株式交換の意味を明らかにする規定である。
（注2）株式交換により定款の変更・追加をなすときは、その規定を明示しなければならない。本例では目的の追加と第

3条の増加すべき会社が発行する株式の総数、種類などである。

（注3）株式交換に際し新株を発行しても、会社が発行する株式総数の範囲内なら不要である。

（注4）乙に交付すべき甲の株式を甲の有する自己株式に代えることもできる（商法第三百五十六条）。

（注5）株式交換にあたり、完全親会社の資本増加限度額が実際に増加した資本の額を超えるときは、その超過額を資本準備金として積立てなければならないが（商法第二百八十八条ノ二）、資本増加限度額は株式交換の日において完全子会社となる会社に現存する純資産額を基準にするため、株式交換契約書に確定数字を記載することはできないこととなる。

（注6）株式交換交付金がないときは不要である。

（注7）株式交換の日迄に利益配当または中間配当がなければ不要である。

（注8）この規定がない場合、完全親会社となる会社の取締役、監査役で株式交換前に就職したものは株式交換後最初に到来する決算期に関する定期総会の終結の時に退任しなければならない。

（注9）念のための規定である。

資料3　株式交換・移転の法定手続一覧表

（商法条文）

手続等	株式交換	株式移転
一　手続開始	株式交換契約交渉に着手し、基本事項につき合意書を交わすときは、双方の会社で重要な業務執行につき取締役会承認決議　二六〇条二項	株式移転手続開始にあたり、基本事項を決定したり共同株式移転の当事会社間で合意書を交わすときは、会社の重要な業務執行につき取締役会決議　二六〇条二項
二　必要書類作成	双方の会社で、株式交換の日、完全子会社となる会社の株主に対する新株割当事項など法定事項を記載した株式交換契約書等必要書類作成　三五三条二項　三五四条一項	完全子会社となる会社で、設立する完全親会社の定款の規定及び同規定その他法定事項を記載した株式移転決議のための株主総会の議案の要領等必要書類作成　三六五条一項　三六六条一項
三　取締役会開催	株式交換契約締結は重要な業務執行につき双方の会社で承認決議　二六〇条二項 株式交換契約承認のための株主総会招集決定　二三一条	株式移転は完全子会社となる会社の重要な業務執行につき承認決議　二六〇条二項 株式移転承認のため株主総会招集決定　二三一条

四　契約締結	双方の代表取締役が株式交換契約書に調印	
五　関係書類事前開示	双方の会社で、株式交換契約書承認決議のための株主総会の日の二週間前より株式交換日の後六か月を経過する日迄株式交換契約書など法定の書類を本店に備置き、開示　三五四条	完全子会社となる会社で、株式移転承認決議のための株主総会の日の二週間前より株式移転の日後六か月を経過する日迄、この総会における議案の要領など法定の書類を本店に備置き、開示　三六六条
六　株主総会招集通知	双方の会社で、会日の二週間前に株式交換契約書の要領を記載した招集通知を各株主に発する　二三二条　三五三条三項	完全子会社となる会社で、会日の二週間前に株式移転承認決議のための議案の要領を記載した招集通知を各株主に発する　二三二条　三六五条三項　三五三条三項
七　株主総会決議	株式交換契約書の承認には、双方の会社で、総株主の議決権の過半数を有する株主が出席し、その議決権の三分の二以上の賛成を要する特別決議。株式譲渡制限が関係するときは更に厳格な決議　三四三条　三五三条四項～六項　三四八条一項	株式移転の承認には、完全子会社となる会社で、同上の特別決議　三六五条二項、三項　三五三条四項　三四三条　三四八条一項
八　反対株主の株式買取請求	承認決議のための株主総会に先立ち書面で反対の意思を会社に通知し、かつ総会で承認に反対した株主のみ、公正価格で買取請求できる　三五五条	同上　三七一条二項　三五五条

九　完全子会社株券失効手続	完全子会社となる会社は、株式交換の日に株券が無効となること、株券の会社への提出を求めることなどを、その日の一か月前に公告し、かつ株主、登録質権者には各別に通知　三五九条	完全子会社となる会社は、株式移転の日に株券が無効となること、一か月以上の期間内に株券の会社への提出を求めることなどを公告し、かつ株主、登録質権者には各別に通知　三六八条
一〇　登記	完全親会社となる会社は、発行済株式総数、資本の額ほか定款変更により登記事項に変更があったときは、株式交換の日から本店所在地においては二週間内、支店所在地においては三週間内にその旨の登記　一八八条　六七条	株式移転をなしたとき（株式移転のための登記以外の手続が終了した日）から完全親会社の本店所在地においては、二週間内、支店所在地においては三週間内に完全親会社設立登記　三六九条　一八八条
一一　効力発生時期	株式交換契約書に定めた株式交換の日　三五二条二項　三五三条二項六号	完全親会社本店所在地でその設立登記をしたとき　三七〇条
一二　株式割当	右当日完全親会社となる会社から完全子会社となる会社の株主へ新株発行割当又は自己株式の移転　三五二条二項　三五六条	右当日完全親会社となる会社から完全子会社となる会社の株主へ発行株式の割当　三六四条
一三、関係書類の事後開示	双方の会社で、株式交換に関する法定事項を記載した書面を株式交換の日より六か月間その本店の備置き、開示　三六〇条　三五四条二項	双方の会社で、株式移転に関する法定事項を記載した書面を株式移転の日より六か月間その本店に備置き、開示　三七一条二項　三六〇条　三五四条二項

一四　無効の訴え	株式交換無効の訴えは、株式交換の日より六か月内に、双方の株主、取締役、監査役又は清算人に限り提起でき、裁判管轄、法律関係の画一的確定等が定められている　三六三条	株式移転無効の訴えも株式移転の日より六か月内に提起すべきなど同上の定めがなされている　三七二条　三六三条

（注）簡易株式交換＝完全親会社となる会社が株式移転に際して発行する新株の総数がその会社の発行済株式総数の二〇分の一以下のときは、その会社における株主総会承認決議が原則として不要である（三五八条）。

資料4　株式分割計画書（雛形）

当社は、当社A事業部に関する営業（以下、「本件営業」という。）の○○株式会社（以下、「甲」という。）への新設分割に関し、以下のとおり計画する。

第一条（甲の定款規定）

甲の定款規定は、別紙○○記載のとおりとする。

第二条（株式の割り当てに関する事項）

甲は、分割に際して普通株式○○株を発行し、平成○○年○月○日の最終の当社の株主名簿に記載された株主に対して、その所有株数一株に対して一株の割合をもって割り当てる。(注1)

第三条（甲の資本金、準備金等に関する事項）

甲の資本金、準備金等の額は、次のとおりとする。

(1)　資本金の額　○○万円
(2)　利益準備金の額　○○万円
(3)　留保利益の額　○○万円
(4)　資本準備金の額　次条(1)により承継する資産の総額から、次条(1)により承継する負債の価額および前(1)項から(3)項の総額の合計額を控除した金額。

第四条（甲の承継する権利義務）

(1) 承継する資産、負債その他の権利義務とその評価

本件営業に関する売掛金、買掛金、有形固定資産、棚卸資産、投資その他の資産および○○銀行の借入金の内本件営業に関連する部分その他一切の権利義務とし、平成○○年○月○日現在の貸借対照表その他同日現在の計算を基礎とし、これに分割期日までの増減を加減した一切の資産、負債および権利義務を分割期日において承継する。

(2) 承継する雇用契約

平成○○年○月○日現在において本件営業部門に在籍する者全員を対象として、甲は労働契約上の地位を承継する。

第五条（当社の資本金、準備金減少額）

当社は分割に際し資本金○○万円、利益準備金○○万円を減少させる。

第六条（分割をなすべき時期）

平成○○年○月○日を分割期日とする。ただし、手続の進行上、必要がある場合は、当社取締役会の承認を得てこれを変更することができる。

第七条（利益配当）

当社は、前条に定める日までの間に終了する営業期の利益処分については従前の例にならって行う。但し、総額○○万円を超えないものとする。

第八条（甲の役員に関する事項）

甲の取締役および監査役となるべき者は左記のとおりとする。

(1) 取締役候補者

○○○○、○○○○、……………………の計○名

(2) 監査役候補者

○○○、…………………の計三名

第九条（甲の取締役および監査役の報酬額）

甲の取締役の報酬額は、月額○○万円以内とし、監査役の報酬額は月額○○万円以内とする。但し、取締役の報酬額には使用人兼務取締役の使用人分は含まない。

第一○条（甲の会計監査人（注2））

甲の会計監査人となるべき者は左記のとおりとする。

○○監査法人

平成○○年○月○日

住 所

株式会社△△△

代表取締役 △△△△ 印

（注1） 人的分割（分割型分割）である。

（注2）分割によって設立する会社の資本の額が五億円以上又は負債の合計金額が二〇〇億円以上のいわゆる大会社の場合に必要となる規定である（商法特例法第三条八項）。

資料5　会社分割契約書（雛形）

（承継会社が分割に際して発行する株式を分割会社に割り当てる場合）

〇〇株式会社（以下、「甲」という。）と△△株式会社（以下、「乙」という。）は、甲の営むA事業部に関する営業（以下、「本件営業」という。）の甲から乙への吸収分割に関し、以下のとおり契約する。

第一条（定款規定の変更）

乙は、分割によりその定款を次のとおり変更する。（傍線部分は変更箇所）

(1) 定款第〇条を

「第〇条　当会社は次の事業を営むことができる。

1　〇〇〇〇〇〇

2　〇〇〇〇〇〇

3　〇〇〇〇〇〇

4　前各号に付帯する事業」と改める。

(2) 定款第〇〇条を

「第〇〇条　……………………………。」と改める。

第二条（分割に際して発行される株式および割当）

乙は、分割に際して普通株式○○株を新たに発行し、そのすべてを甲に割り当てる。(注1)

第三条（分割により増加すべき資本金等）

(1) 乙は、分割に際し、資本の額を○○万円増加する。

(2) 乙は、分割に際し、次条により承継する資産の価額から、次条により承継する負債の額および前項による資本増加額を控除した金額を資本準備金として積み立てる。

第四条（乙の承継する権利義務）

(1) 乙の承継する資産および負債とその評価

乙は甲より、本件営業に関する売掛金、買掛金、有形固定資産、棚卸資産、投資その他の資産および○○銀行の借入金の内本件営業に関連する部分その他一切の権利義務について、平成○○年○月○日現在の貸借対照表その他同日現在の計算を基礎とし、これに分割期日までの増減を加減した一切の資産、負債および権利義務を分割期日において承継する。

(2) 乙の承継する雇用契約

乙は甲より、平成○○年○月○日現在において甲の本件営業部門に在籍する者全員を対象として、その労働契約上の地位を承継する。

第五条（承認総会の期日）

甲乙は、平成○○年○月○日に株主総会を開催し、本契約書の承認を受ける。

第六条（分割をなすべき時期）

平成○○年○月○日を分割期日とする。

第七条（利益配当）

甲乙は、前条に定める日までの間に終了する営業期の利益処分については従前の例にならって行う。但し、甲については総額○○万円を、乙については総額○○万円を超えないものとする。

第八条（乙の役員に関する事項）

左記の者は、分割の日に乙の取締役および監査役に就任する。

(1)　取締役

○○○○、○○○○、…………の計○名

(2)　監査役

○○○○

第九条（善良なる管理者としての注意義務）

本契約締結後分割に至るまでの間、甲は本件営業を、乙はその他一切の営業を、善良なる管理者としての注意義務をもって継続し、重大な事態が生じた場合には、あらかじめ相互に相手方と協議する。

第一〇条（契約内容の変更および解除）

本契約締結後分割期日までの間に、本件営業もしくは乙の営業またはこれらに属する財産に重大な変動を生じたときは、甲乙協議のうえ本契約の内容を変更し、または本契約を解除することができる。

第一一条（本契約の効力）

本契約は、第五条に定める甲乙の株主総会の承認が得られないときは、効力を生じない。

第一二条（協議事項）

本契約に規定のない事項または本契約の解釈に疑義が生じた事項については、甲乙誠意をもって協議の上、解決をはかるものとする。

以上のとおり契約が成立したことを証するため、本契約書二通を作成し、甲乙それぞれ記名捺印の上、各一通ずつ保有する。

平成○○年○月○日

甲　住　所
○○株式会社
代表取締役　○○○○　印

乙　住　所
△△株式会社
代表取締役　△△△△　印

（注1）　物的分割（分社型分割）である。

資料6　新設分割・吸収分割の法定手続一覧表

（商法条文）

手続等	新設分割	吸収分割
一　手続開始	分割会社が分割の基本方針を決定するときは、会社の重要な業務執行につき取締役会承認決議　二六〇条二項	分割会社と承継会社で分割契約交渉に入った後、分割の基本事項について合意書を交わすときは、双方の会社で重要な業務執行につき取締役会承認決議　二六〇条二項
二　必要書類作成	分割計画書その他必要書類の作成　三七四条二項　三七四条ノ二、一項	分割契約書その他必要書類の作成　三七四条ノ一七　三七四条ノ一八、一項
三　取締役会開催	分割計画書の内容確定は重要な業務執行につき承認決議　二六〇条二項 分割計画書承認のための株主総会招集決定　二三一条	分割契約締結は重要な業務執行につき双方の会社で承認決議　二六〇条二項 分割契約書承認のため株主総会招集決定　二三一条
四　契約締結		双方の代表取締役が会社分割契約書に調印

五　労働者保護法規手続の履行	労働者・労働組合に対する通知、協議、労働者からの異議申出受理等（労働契約承継法）	同上
六　関係書類事前開示	分割会社で、株主総会の日の二週間前より分割の日後六か月を経過する日迄分割計画書など法定の書類を本店に備置き、開示　三七四条ノ二	双方の会社で、株主総会の日の二週間前より分割の日後六か月を経過する日迄分割契約書等法定書類を本店に備置き、開示　三七四条ノ一八
七　株主総会招集通知	会日の二週間前に分割計画書の要領を記載した招集通知を各株主に発する　二三二条　三七四条三項	双方の会社で会日の二週間前に分割契約書の要領を記載した招集通知を各株主に発する　二三二条　三七四条ノ一七、三項
八　株主総会決議	分割計画書の承認には、総株主の議決権の過半数を有する株主が出席し、その議決権の三分の二以上の賛成を要する特別決議。新設会社に株式譲渡制限規定を設ける場合は、更に厳格な決議となることがある　三七四条　三四三条　三四八条一項	分割計画書の承認には、双方の会社で、同上の特別決議　三七四条ノ一七　三四三条　三四八条一項
九　反対株主の株式買取請求	承認決議のための株主総会に先立ち書面で反対の意思を会社に通知し、かつ総会で承認に反対した株主のみ、公正価格で買取請求できる　三七四条ノ三	双方の会社で同上手続　三七四条ノ三一、三項　三七四条ノ三

一〇　債権者保護手続の履行	株主総会承認決議の日から二週間以内に債権者に対し官報公告と各別の通知をし、異議ある債権者に弁済、担保提供等　三七四条ノ四　一〇〇条	双方の会社で同上手続　三七四条の二〇　一〇〇条
一一　人的分割の場合における株式割当に関する公告、通知	分割会社の株主に新設会社の発行株式を割当てるときは、法定事項を公告し、分割後割当を受ける株主らに各別に通知　三七四条ノ七	
一二　登記	分割後本店所在地では二週間内、支店所在地では三週間内に分割会社は変更登記、新設会社は設立登記　三七四条ノ八　一八八条	双方の会社の本店所在地では二週間内、支店所在地では三週間内に変更登記　三七四条ノ二四
一三　関係書類の事後開示	分割会社、新設会社双方で、分割に関する法定事項を記載した書面を分割の日より六か月間本店に備置き、開示　三七四条ノ一一	双方の会社で、同上の開示手続　三七四条ノ三一、三項　三七四条ノ一一
一四　無効の訴え	分割の日より六か月内に、分割会社、新設会社双方の株主、取締役、監査役等に限り提起でき、裁判管轄、法律関係の画一的確定等が定められている　三七四条ノ一二　三七四条ノ一三	訴え提起期間、提起権者、裁判管轄、判決の効力等につき同上の定めがなされている　三七四条ノ二八　三七四条ノ二九

（注）簡易新設分割（三七四条ノ六）、簡易吸収分割（三七四条ノ二二、三七四条ノ二三）の規定もある。

さ　行

た　行

な　行

は　行

索　引

著者紹介

發知敏雄（ほっち としお）

税理士法人中央青山　代表社員／プライスウォーターハウスクーパース　パートナー，税理士・公認会計士．

国税調査官として，東京国税局管内の税務署にて法人税調査に従事．その間に公認会計士となる．会計監査業務に従事した後，野村證券MAS室において事業継承問題等の税務相談業務に従事し，現在は専ら税務コンサルティング業務に従事．日本公認会計士協会（東京会）元税務委員会委員．

著書　『会社節税マニュアル』，『そこが知りたい！　税務調査の現場』，『会社税務重要問題精選500』以上，ぎょうせい，「わが国における企業買収・合併の税務」（答申書），『グループ会社の経営実務』第一法規出版（編著）．

箱田順哉（はこだ じゅんや）

中央青山監査法人経営監査グループリーダー，公認会計士．プライスウォーターハウスクーパース内部監査部門グローバルリーダーシップチーム・メンバー兼日本地域責任者．

経営監査及びコーポレートガバナンス，海外事業運営，経営管理等のコンサルティング業務に従事．

経営管理，事業再編，株式公開，海外事業運営等のコンサルティング業務，および経営監査，連結財務諸表監査等の監査業務に従事．

著書　『内部監査ハンドブック』，『ビジネスリスクマネジメント』，『新しい経営監査』，『国際会計基準ハンドブック』，『アメリカの会計原則』以上，東洋経済新報社，『積極型企業リストラQ&A』，『連結決算の実務Q&A』同文舘，『営業マニュアル事典』産業調査会，すべて共著，他．

大谷隼夫（おおたに はやお）

大谷法律事務所所長，弁護士．

商事，民事等に関する法律相談，訴訟等を主たる業務としている．12年間検事を務めた後，1985年から弁護士．東京弁護士会常議員，関東弁護士連合会常務理事等歴任．

著書　東京弁護士会編『法律実務研究』第10号のうち会社法部「自己株式の取得規制緩和―平成6年商法等改正」東京弁護士会，『グループ会社の経営実務』第一法規出版（編著）．

持株会社の実務（第3版）

2002年6月27日　発行

著者　發知敏雄／箱田順哉／大谷隼夫

発行者　高橋　宏

〒103-8345

発行所　東京都中央区日本橋本石町1-2-1　東洋経済新報社

電話　編集03(3246)5661・販売03(3246)5467　振替00130-5-6518

印刷・製本　東洋経済印刷

Printed in Japan　ISBN 4-492-55448-3　http://www.toyokeizai.co.jp/